完全な初心者
ガイド
ホーム缶詰

食品の缶詰と保存のための 100 のレシピを含むステップバイステップのガイド。水の充填と加圧の適切な方法を学ぶ

アラン・スミス

全著作権所有。

免責事項

この電子ブックに含まれる情報は、この電子ブックの著者が調査した戦略の包括的なコレクションとして機能することを目的としています。要約、戦略、ヒント、およびトリックは、著者による推奨事項にすぎず、この eBook を読んでも、結果が著者の結果を正確に反映しているとは限りません。電子ブックの作成者は、電子ブックの読者に最新かつ正確な情報を提供するためにあらゆる合理的な努力を払っています。著者およびその関係者は、発見される可能性のある意図しないエラーまたは脱落に対して責任を負いません。電子書籍の資料には、第三者による情報が含まれる場合があります。サードパーティの資料は、その所有者によって表明された意見で構成されています。そのため、eBook の作成者は、第三者の資料や意見に対して責任を負わないものとします。

eBook の著作権は © 2022 にあり、無断複写・転載を禁じます。この電子ブックの全体または一部を再配布、コピー、または派生物を作成することは違法です。このレポートのいかなる部分も、著者から明示および署名された書面による許可なしに、いかなる形式でも複製または再送信することはできません。

目次

- 目次 3
- 前書き 7
- ジャムとゼリー 8
  - 1. いちごとルバーブのジャム 9
  - 2. ネクタリンとサワーチェリーのジャム 12
  - 3. 低糖質ちごキーラのジャム 15
  - 4. チョコレートチェリージャム 17
  - 5. オレンジサナジャム 20
  - 6. アプリコットラベンダージャム 22
  - 7. いちじくと梨のジャム 25
  - 8. イチジクとローズマリーと赤ワインのジャム 28
  - 9. メロンジャム 31
  - 10. ピーチローズマリージャム 34
  - 11. はちみつジャム 37
  - 12. アップルパイジャム 40
  - 13. ピーチバボジャム 43
  - 14. 低糖質ラズベリーレモネードジャム 46
  - 15. トマトハーブジャム 48
  - 16. ズッキーニジャム 51
  - 17. ペリエナルジャム 54
  - 18. 低糖質りんごジャム 57
  - 19. バルサミコオニオンジャム 60
  - 20. ブルベリーレモジャム 63
  - 21. りんごジャム 66
  - 22. いちごとルバーブのゼリー 68
  - 23. ブルベリースパイスジャム 70
  - 24. ぶどう梅ゼリー 72
  - 25. ゴールデンペッパーゼリー 75

26. ピーチパイナップルスプレッド ... 78
27. 冷蔵アップルスプレッド ... 81
28. 冷蔵ぶどうスプレッド ... 83
29. ペクチン無添加りんごゼリー ... 85
30. ペクチン無添加アップルマーマレード ... 87
31. ペクチン無添加ブラックベリーゼリー ... 89
32. 粉末ペクチン入りチェリーゼリー ... 91
33. 粉末ペクチン入りチェリージャム ... 93
34. 液体ペクチン入りいちじくジャム ... 95
35. 粉末ペクチン入りぶどうゼリー ... 97
36. 液体ペクチン入りミントパイナップルジャム ... 99
37. 液体ペクチン入りミックスフルーツゼリー ... 101
38. オレンジゼリー ... 104
39. スパイスオレンジゼリー ... 106
40. オレンジマーマレード ... 109
41. アプリコットオレンジコンサーブ ... 112
42. 粉末ペクチン入りピーチジャム ... 114
43. スパイシーブルーベリーピーチジャム ... 116
44. ピーチオレンジマーマレード ... 119
45. 液体ペクチン入りパイナップルジャム ... 121
46. 液体ペクチン入り梅ゼリー ... 123
47. ペクチン無添加マルメロゼリー ... 125
48. いちごジャム粉末ペクチン源 ... 127
49. トゥッティフルッティジャム ... 129

果物および果物製品 ... **132**

50. アップルバター ... 133
51. スパイスアップルリング ... 135
52. スパイシークラブアップル ... 138
53. マスクメロンのピクルス ... 141
54. クランベリーオレンジチャツネ ... 144
55. マンゴーチャツネ ... 147

56. マンゴーソース	150
57. ミックスフルーツカクテル	153
58. ズッキーニパイナップル	156
59. スパイシークランベリーサルサ	158
60. マンゴーサルサ	161
61. ピーチアップルサルサ	164

野菜の発酵・漬物 **167**

62. ディルピクルス	168
63. ザワークラウト	171
64. パセリ入りのピクルス	174
65. 生パックディルピクルス	177
66. キュウリのピクルス	180
67. 十四日漬け	183
68. クイックスイートピクルス	186
69. アスパラガスのピクルス	189
70. ディルビーンズピクルス	192
71. ピクルスミックスサラダ	194
72. ビーツのピクルス	197
73. にんじんのピクルス	200
74. カリフラワーのピクルス/ブロッコリー	203
75. パセリとカラスロー	206
76. ビーツの甘酢漬け	209
77. きのこの丸ごとマリネ	211
78. オクラのディル漬け	214
79. パールオニオンのピクルス	216
80. ピーマンのマリネ	219
81. ピーマンのピクルス	222
82. 唐辛子の酢漬け	225
83. ハラペーニョペッパーのピクルス	228
84. 黄瓜漬けリング	231
85. スイートグリーントマトのピクルス	233

86. 漬物 236
87. ズッキーニの酢漬け 239
88. ハヤトウリ梨のレリッシュ 241
89. ピカリリ 244
90. ピクルス 247
91. とうもろこしの酢漬け 250
92. グリーントマトのレリッシュ漬け 253
93. 粕漬け 256
94. ピクルス・ペッパーオニオン・レリッシュ .. 258
95. スパイシーなレリッシュ 260
96. ピリッとしたトマティロレリッシュ 263
97. 無糖ビーツのピクルス 266
98. きゅうりの酢漬け 269
99. ディルのスライスピクルス 272
100. 甘酢漬け 275

結論 **278**

前書き

家庭用缶詰は、食品の保存方法として導入されてから180年の間に大きく変化しました。科学者たちは、より安全で高品質の製品を製造する方法を発見しました。この出版物の最初の部分では、缶詰技術の基礎となる科学的原則を説明し、缶詰設備について説明し、瓶と蓋の適切な使用法について説明します。缶詰の基本的な材料と手順、およびそれらを使用して安全で高品質の缶詰製品を実現する方法について説明します。最後に、できるかどうか、どれだけできるかを判断するのに役立ちます。

この出版物の第2部は、特定の食品の一連の缶詰ガイドです。これらのガイドでは、砂糖シロップを作るための詳細な指示を提供します。果物および果物製品、トマトおよびトマト製品、野菜、赤身肉、鶏肉、魚介類、ピクルスおよびレリッシュの缶詰用。生の食品の適切な量と品質を選択するための便利なガイドラインが、果物、トマト、野菜の各指示書に付属しています。ほとんどのレシピは、パイントまたはクォートの完全な缶詰業者の負荷を生み出すように設計されています．最後に、海抜高度の加工調整が各食品に与えられます。

ジャムとゼリー

1. いちごとルバーブのジャム

約 6 (½-PT./250-ML) ジャーを作ります

材料

- 4½ カップ (1.1 L) 厚さ 1/4 インチ (0.5 cm) の新鮮なルバーブのスライス

- 1/2 カップ (125 mL) の新鮮なオレンジ ジュース (約 2 ～ 3 個の大きなオレンジ)

- 熟した新鮮なイチゴ 4 カップ (1 L)

- 砂糖 5 カップ (1.25 リットル)

- 1 (3 オンス/88.5 mL) パウチ Ball® リキッド ペクチン

方向:

a) ルバーブとオレンジ ジュースを 3 クォートに混ぜます。(3-L) ステンレス鍋。蓋をして中火～強火で沸騰させます。ふたを開けて火を弱め、よくかき混ぜながら 5 分間、またはルバーブが柔らかくなるまで煮込みます。

b) いちごを洗います。茎と外皮を取り除いて廃棄します。イチゴをポテトマッシャーで均一に潰す。

c) 2 カップ (500 mL) の調理済みルバーブと 1 3/4 カップ (425 mL) のつぶしたイチゴを 6 クォートに計量します。(6-L) ステンレス鋼またはエナメル仕上げのダッチ オーブン。砂糖をかき混ぜます。強火で、頻繁にかき混ぜながら、かき混ぜることができない完全な回転沸騰に混合物をもたらします。

d) ペクチンを加え、すぐにパウチから内容物をすべて絞り出します。絶え間なくかき混ぜながら、1 分間激しく沸騰させ続けます。暑さから削除。必要に応じて、泡をすくい取ります。

e) 熱々のジャムを熱々のジャーに入れ、上部に 1/4 インチ (0.5 cm) のスペースを残します。気泡を取り除きます。瓶の縁を拭きます。瓶の中央蓋。バンドを装着し、指先で締めます。ジャーを沸騰水缶詰に入れます。すべての瓶がいっぱいになるまで繰り返します。

f) ジャーを 10 分間処理し、高度を調整します。火を止めます。ふたを外し、ジャーを 5 分間放置します。ジャーを取り出して冷ます。

2. ネクタリンとサワーチェリーのジャム

約 7 (½-PT./250-ML) ジャーを作ります

材料

- ネクタリン 750g（種を取り、細かく刻んだもの）
- 2 カップ (500 mL) みじん切りにした種の入ったタルト チェリー
- 大さじ 6 (90 mL) ボール® クラシック ペクチン
- 大さじ 2 杯。(30 mL) ボトル入りレモンジュース
- 砂糖 6 カップ（1.5 リットル）

方向：

a) 最初の 4 つの成分を 4-qt に混ぜます。(4-L) ステンレス鋼またはほうろう仕上げのダッチ オーブン。強火で絶えずかき混ぜながら、混合物を完全にかき混ぜながら沸騰させます。

b) 砂糖を加え、かき混ぜて溶かします。混合物を完全に沸騰させます。絶え間なくかき混ぜながら、1 分間沸騰させます。暑さから削除。必要に応じて、泡をすくい取ります。

c) 熱々のジャムを熱々のジャーに入れ、上部に 1/4 インチ (0.5 cm) のスペースを残します。気泡を取り除きます。瓶の縁を拭きます。瓶の中央蓋。バンドを装着し、指先で締めます。ジャーを沸騰水缶詰に入れます。すべての瓶がいっぱいになるまで繰り返します。

d) ジャーを 10 分間処理し、高度を調整します。火を止めます。ふたを外し、ジャーを 5 分間放置します。ジャーを取り出して冷ます。

3. 低糖ちごテキーラのジャム

約 4 (½-PT./250 ML) ジャーを作ります

材料

- 新鮮なイチゴのみじん切り 5 カップ (1.25 L)
- ½ カップ (125 mL) テキーラ
- 大さじ 5 (75 mL) Ball® 低糖または無糖ペクチン
- アガベシロップ 1 カップ（250mL）

方向：

a) 最初の 2 つの成分を 4-qt に混ぜます。(4-L) ステンレス鋼またはほうろう仕上げのダッチ オーブン。ポテトマッシャーでベリーをつぶします。

b) ペクチンをかき混ぜます。強火で絶えずかき混ぜながら、混合物を完全にかき混ぜながら沸騰させます。

c) アガベシロップを混ぜます。混合物を完全に沸騰させます。絶え間なくかき混ぜながら、1 分間沸騰させます。暑さから削除。必要に応じて、泡をすくい取ります。

d) 熱々のジャムを熱々のジャーに入れ、上部に 1/4 インチ (0.5 cm) のスペースを残します。気泡を取り除きます。瓶の縁を拭きます。瓶の中央蓋。バンドを装着し、指先で締めます。ジャーを沸騰水缶詰に入れます。すべての瓶がいっぱいになるまで繰り返します。

e) ジャーを 10 分間処理し、高度を調整します。火を止めます。ふたを外し、ジャーを 5 分間放置します。ジャーを取り出して冷ます。

4. チョコレートチェリージャム

約 6 (½-PT./250-ML) ジャーを作ります

材料

- 6 カップ（1.5 リットル）の生または冷凍の種抜きされた黒くて甘いサクランボを粗く刻んだもの
- 大さじ 6 (90 mL) ボール® クラシック ペクチン
- ボトル入りレモン果汁 ¼ カップ（60mL）
- 砂糖 6 カップ（1.5 リットル）
- 2/3 カップ (150 mL) 無糖ココア

方向：

a) 最初の 3 つの成分を 4-qt に混ぜます。(4-L) ステンレス鋼またはほうろう仕上げのダッチ オーブン。強火で絶えずかき混ぜながら、混合物を完全にかき混ぜながら沸騰させます。

b) その間、砂糖とココアが混ざるまでかき混ぜます。沸騰しているチェリーの混合物に一度に加えます。混合物を完全に沸騰させます。絶え間なくかき混ぜながら、1 分間沸騰させます。暑さから削除。必要に応じて、泡をすくい取ります。

c) 熱々のジャムを熱々のジャーに入れ、上部に 1/4 インチ (0.5 cm) のスペースを残します。気泡を取り除きます。瓶の縁を拭きます。瓶の中央蓋。バンドを装着し、指先で締めます。ジャーを沸騰水缶詰に入れます。すべての瓶がいっぱいになるまで繰り返します。

d) ジャーを 10 分間処理し、高度を調整します。火を止めます。ふたを外し、ジャーを 5 分間放置します。ジャーを取り出して冷まします。

5. オレンジのジャム

約 5 (½-PT./250-ML) ジャーを作ります

材料

- 2 カップ (500 mL) 果肉入りの新鮮なオレンジ ジュース (約 8 個のオレンジ)
- はちみつ 1 カップ（250mL）
- 大さじ 3 (45 mL) ボトル入りレモンジュース
- 熟したバナナ 1kg
- バニラビーンズ 1 個

方向：

a) 最初の 4 つの成分を 4-qt に混ぜます。(4-L) ステンレス鋼またはほうろう仕上げのダッチ オーブン。バニラビーンズから種をこすり落とします。バナナミックスに加える。よくかき混ぜながら、中火で約 25 分間、ゲル化点まで調理します。

b) 熱々のジャムを熱々のジャーに入れ、上部に 1/4 インチ (0.5 cm) のスペースを残します。気泡を取り除きます。瓶の縁を拭きます。瓶の中央蓋。バンドを装着し、指先で締めます。ジャーを沸騰水缶詰に入れます。すべての瓶がいっぱいになるまで繰り返します。

c) 瓶を高度に合わせて 15 分間処理します。火を止めます。ふたを外し、ジャーを 5 分間放置します。ジャーを取り出して冷まします。

6. アプリコットラベンダージャム

約6 (½-PT./250-ML) ジャーを作ります

材料

- 小さじ4 (20 mL) 乾燥ラベンダーのつぼみ
- チーズクロス
- キッチンストリング
- 3ポンド (1.5 kg) のアプリコット、種を取り、みじん切りにする (約6カップ/1.5 L)
- 砂糖4カップ（1リットル）
- 大さじ3 (45 mL) ボトル入りレモンジュース

方向：

a) 4インチ (10 cm) 四方のチーズクロスにラベンダーのつぼみを置きます。キッチン紐で結びます。

b) アプリコットを大きなボウルに入れます。つぶれるまでポテトマッシャーでつぶす。砂糖とレモン汁を混ぜます。チーズクロスバッグを加え、湿るまでかき混ぜます。蓋をして、4時間または一晩冷やします。

c) アプリコットの混合物を6クォートに注ぎます。(6-L) ステンレス鋼またはエナメル仕上げのダッチオーブン。砂糖が溶けるまでかき混ぜながら、中火で沸騰させます。熱を中高に上げます。45分間、または混合物がとろみをつけ、キャンディー温度計が220°F（104°C）を記録するまで、絶えずかき混ぜな

がら調理します。暑さから削除。チーズクロスバッグを取り外して廃棄します。

d) 熱々のジャムを熱々のジャーに入れ、上部に **1/4** インチ **(0.5 cm)** のスペースを残します。気泡を取り除きます。瓶の縁を拭きます。瓶の中央蓋。バンドを装着し、指先で締めます。ジャーを沸騰水缶詰に入れます。すべての瓶がいっぱいになるまで繰り返します。

e) ジャーを **10** 分間処理し、高度を調整します。火を止めます。ふたを外し、ジャーを **5** 分間放置します。ジャーを取り出して冷ます。

7. いちくと梨ジャム

約 4 (½-PT./250 ML) ジャーを作ります

材料

- 2 カップ (250 mL) みじん切りにした梨
- 新鮮なイチジクのみじん切り 2 カップ (250 mL)
- 大さじ 4 (60 mL) ボール® クラシック ペクチン
- 大さじ 2 杯。(30 mL) ボトル入りレモンジュース
- 大さじ 1 (15 mL) 水
- 砂糖 3 カップ (750 mL)

方向：

a) 砂糖以外のすべての材料を 4-qt に混ぜます。(4-L) ステンレス鋼またはほうろう仕上げのダッチ オーブン。強火で絶えずかき混ぜながら、混合物を完全にかき混ぜながら沸騰させます。

b) 砂糖を加え、かき混ぜて溶かします。混合物を完全に沸騰させます。絶え間なくかき混ぜながら、1 分間沸騰させます。暑さから削除。必要に応じて、泡をすくい取ります。

c) 熱々のジャムを熱々のジャーに入れ、上部に 1/4 インチ (0.5 cm) のスペースを残します。瓶の縁を拭きます。瓶の中央蓋。バンドを装着し、指先で締めます。ジャーを沸騰水缶詰に入れます。すべての瓶がいっぱいになるまで繰り返します。

d) ジャーを 10 分間処理し、高度を調整します。火を止めます。ふたを外し、ジャーを 5 分間放置します。ジャーを取り出して冷ます。

8. いちじくとローズマリーと赤ワインのジャム

約 4 (½-PT./250-ML) ジャーを作ります

材料

- 1.5 カップ (375 mL) メルローまたはその他のフルーティーな赤ワイン
- 大さじ 2 杯。(30 mL) 新鮮なローズマリーの葉
- 新鮮なイチジクを細かく刻んだもの 2 カップ (500 mL)
- 大さじ 3 (45 mL) ボール® クラシック ペクチン
- 大さじ 2 杯。(30 mL) ボトル入りレモンジュース
- 砂糖 2½ カップ (625 mL)

方向：

a) ワインとローズマリーを小さなステンレス製またはほうろう鍋で煮込みます。火を止めます。カバーして 30 分浸します。

b) 細かい金網のストレーナーを通してワインを 4-qt に注ぎます。(4-L) ステンレス製またはほうろう鍋。ローズマリーを捨てる。イチジク、ペクチン、レモン汁を混ぜます。強火で絶えずかき混ぜながら、混合物を完全にかき混ぜながら沸騰させます。

c) 砂糖を加え、かき混ぜて溶かします。混合物を完全に沸騰させます。絶え間なくかき混ぜながら、1分間沸騰させます。暑さから削除。必要に応じて、泡をすくい取ります。

d) 熱々のジャムを熱々のジャーに入れ、上部に **1/4** インチ (**0.5 cm**) のスペースを残します。気泡を取り除きます。瓶の縁を拭きます。瓶の中央蓋。バンドを装着し、指先で締めます。ジャーを沸騰水缶詰に入れます。すべての瓶がいっぱいになるまで繰り返します。

e) ジャーを **10** 分間処理し、高度を調整します。火を止めます。ふたを外し、ジャーを **5** 分間放置します。ジャーを取り出して冷ます。

9. メロジャム

約 5 (½-PT./250-ML) ジャーを作ります

材料

- 14 カップ (3.5 L) 1 インチ (1 cm) のマスクメロンまたは他のオレンジ色の果肉のメロン キューブ (約 2 つの大きなメロン)
- コーシャソルト ¼カップ（60mL）
- 砂糖 4 カップ（1 リットル）
- ボトル入りレモン汁 3/4 カップ（175mL）
- 大さじ 1 (15 mL) 砕いたピンクペッパー (オプション)

方向：

a) 大きなボウルにメロンと塩を一緒に入れます。蓋をして 2 時間放置。ドレイン；冷水ですすいでください。ドレイン。

b) 6 クォートでメロン、砂糖、レモン汁を一緒にかき混ぜます. (6-L) ステンレス鋼またはエナメル仕上げのダッチ オーブン。沸騰させます。火を弱め、蓋をせずに 20 分、またはメロンが柔らかくなるまで煮ます。ポテトマッシャーでメロンをつぶします。蓋をせず、頻繁にかき混ぜながら、ゲル化するまで約 1 時間煮込みます。(メロンは水分を多く放出するので、調理時間は異なる場合があります。) 必要に応じて泡をすくい取り、必要に応じてコショウの実をかき混ぜます。

c) 熱々のジャムを熱々のジャーに入れ、上部に 1/4 インチ (0.5 cm) のスペースを残します。気泡を取り除きます。瓶の縁を拭きます。瓶の中央蓋。バンドを装着し、指先で締めます。ジャ

一を沸騰水缶詰に入れます。すべての瓶がいっぱいになるまで繰り返します。

d) 瓶を高度に合わせて **15** 分間処理します。火を止めます。ふたを外し、ジャーを **5** 分間放置します。ジャーを取り出して冷まします。

10. 桃ローズマリーのジャム

約 6 (½-PT./250 ML) ジャーを作ります

材料

- 新鮮な桃 1.25kg（大 5 個）
- 小さじ 1 (5 mL) ライムの皮
- 大さじ 6 (90 mL) ボール® クラシック ペクチン
- 新鮮なライム ジュース ¼ カップ (60 mL) (約 3 ライム)
- 2 (4 インチ/10 cm) のローズマリーの小枝
- 砂糖 5 カップ（1.25 リットル）

方向：

a) ピーラーで桃の皮をむきます。種を取り除き、粗みじん切りにする。ポテトマッシャーで均一になるまでつぶす。4 カップ (1 L) の砕いた桃を 6 クォートに計ります。(6-L) ステンレス鋼またはエナメル仕上げのダッチ オーブン。ライムの皮と次の 3 つの材料を入れてかき混ぜます。

b) 強火で絶えずかき混ぜながら、混合物を完全にかき混ぜながら沸騰させます。絶え間なくかき混ぜながら、1 分間沸騰させます。

c) 砂糖を加え、かき混ぜて溶かします。混合物を完全に沸騰させます。絶え間なくかき混ぜながら、1 分間沸騰させます。暑さから削除。ローズマリーを取り出して捨てる。必要に応じて、泡をすくい取ります。

d) 熱々のジャムを熱々のジャーに入れ、上部に **1/4** インチ **(0.5 cm)** のスペースを残します。気泡を取り除きます。瓶の縁を拭きます。瓶の中央蓋。バンドを装着し、指先で締めます。ジャーを沸騰水缶詰に入れます。すべての瓶がいっぱいになるまで繰り返します。

e) ジャーを **10** 分間処理し、高度を調整します。火を止めます。ふたを外し、ジャーを **5** 分間放置します。ジャーを取り出して冷ます。

11. はちみつジャム

約 5 ($\frac{1}{2}$-PT./250-ML) ジャーを作ります

材料

- $3\frac{1}{4}$ ポンド (1.5 kg) の固く熟した梨
- りんごジュース 1/2 カップ（125mL）
- 大さじ 1 (15 mL) ボトル入りレモンジュース
- 小さじ 1/2 (2.5 mL) 挽いたシナモン
- 皮をむいて細かくすりおろした生姜 1 片
- 大さじ 6 (90 mL) Ball® 低糖または無糖ペクチン
- はちみつ 1/2 カップ（125mL）

方向：

a) 最初の 5 つの成分を 6-qt に混ぜます。(6-L) ステンレス鋼またはエナメル仕上げのダッチ オーブン。時々かき混ぜながら、中火で 15 分間、または洋ナシが柔らかくなるまで、蓋をせずに調理します。洋ナシの混合物をポテトマッシャーで少しつぶし、大きな塊にします。

b) ペクチンをかき混ぜます。強火で絶えずかき混ぜながら、混合物を完全にかき混ぜながら沸騰させます。

c) 蜂蜜をかき混ぜます。混合物を完全に沸騰させます。絶え間なくかき混ぜながら、1 分間沸騰させます。暑さから削除。必要に応じて、泡をすくい取ります。

d) 熱々のジャムを熱々のジャーに入れ、上部に **1/4** インチ **(0.5 cm)** のスペースを残します。気泡を取り除きます。瓶の縁を拭きます。瓶の中央蓋。バンドを装着し、指先で締めます。ジャーを沸騰水缶詰に入れます。すべての瓶がいっぱいになるまで繰り返します。

e) ジャーを **10** 分間処理し、高度を調整します。火を止めます。ふたを外し、ジャーを **5** 分間放置します。ジャーを取り出して冷ます。

12. アップルパイジャム

約 5 (½-PT./250-ML) ジャーを作ります

材料

- 6 カップ (1.5 L) 皮をむいてさいの目に切ったグラニースミス りんご (約 6 個のりんご)
- 2 カップ (500 mL) のアップル ジュースまたはアップル サイダー
- 大さじ 2 杯。(30 mL) ボトル入りレモンジュース
- 大さじ 3 (45 mL) ボール® クラシック ペクチン
- 小さじ 1 (5 mL) 挽いたシナモン
- 小さじ 1/2 (2 mL) 挽いたオールスパイス
- ¼ 小さじ。(1 mL) 挽いたナツメグ
- 砂糖 2 カップ (500 mL)

方向：

a) 最初の 3 つの材料を 6 クォートで沸騰させます。(6-L) ステンレス鋼またはエナメル仕上げのダッチ オーブン。火を弱め、時々かき混ぜながら、蓋をせずに 10 分またはリンゴが柔らかくなるまで煮ます。

b) ペクチンと次の 3 つの材料を泡だて器で混ぜます。強火で絶えずかき混ぜながら、混合物を完全にかき混ぜながら沸騰させます。

c) 砂糖を加え、かき混ぜて溶かします。混合物を完全に沸騰させます。絶え間なくかき混ぜながら、1分間沸騰させます。暑さから削除。必要に応じて、泡をすくい取ります。

d) 熱々のジャムを熱々のジャーに入れ、上部に 1/4 インチ (0.5 cm) のスペースを残します。気泡を取り除きます。瓶の縁を拭きます。瓶の中央蓋。バンドを装着し、指先で締めます。ジャーを沸騰水缶詰に入れます。すべての瓶がいっぱいになるまで繰り返します。

e) ジャーを 10 分間処理し、高度を調整します。火を止めます。ふたを外し、ジャーを 5 分間放置します。ジャーを取り出して冷ます。

13. ピーカンポジャム

約 6 (½-PT./250-ML) ジャーを作ります

材料

- 皮をむいた新鮮な桃 2 kg
- 大さじ 6 (90 mL) ボール® クラシック ペクチン
- ボトル入りレモン果汁 ¼ カップ（60mL）
- バーボン 1/4 カップ (60 mL)
- 大さじ 2 杯。(30 mL) 細かく刻んだ結晶生姜
- 砂糖 7 カップ (1.75 L)

方向：

a) 桃は種を取り、粗く刻む。みじん切りにした桃 4½ カップ (1.1 L) を 6 クォートに計ります。(6-L) ステンレス鋼またはエナメル ダッチ オーブンに入れ、ポテト マッシャーで均等に潰れるまでつぶします。ペクチンと次の 3 つの成分をかき混ぜます。

b) 強火で絶えずかき混ぜながら、混合物を完全にかき混ぜながら沸騰させます。

c) 砂糖を加え、かき混ぜて溶かします。混合物を完全に沸騰させます。絶え間なくかき混ぜながら、1 分間沸騰させます。暑さから削除。必要に応じて、泡をすくい取ります。

d) 熱々のジャムを熱々のジャーに入れ、上部に 1/4 インチ (0.5 cm) のスペースを残します。気泡を取り除きます。瓶の縁を拭きます。瓶の中央蓋。バンドを装着し、指先で締めます。ジャ

ーを沸騰水缶詰に入れます。すべての瓶がいっぱいになるまで繰り返します。

e) ジャーを10分間処理し、高度を調整します。火を止めます。ふたを外し、ジャーを5分間放置します。ジャーを取り出して冷まします。

14. 低糖ラズベリーレモネードジャム

約 6 (½-PT./250-ML) ジャーを作ります

材料

- 生のラズベリー 1.6kg

- 1/2 カップ (125 mL) の新鮮なレモン汁 (約 5 個のレモン)

- 大さじ 4 (60 mL) Ball® 低糖または無糖ペクチン

- はちみつ 1½カップ（375mL）

方向：

a) ラズベリーを 6 クォートに入れます。(6-L) ステンレス鋼またはエナメル仕上げのダッチ オーブン。ラズベリーをポテトマッシャーでつぶす。

b) レモン汁とペクチンを混ぜます。強火で絶えずかき混ぜながら、混合物を完全にかき混ぜながら沸騰させます。

c) 蜂蜜をかき混ぜます。混合物を完全に沸騰させます。絶え間なくかき混ぜながら、1 分間沸騰させます。暑さから削除。必要に応じて、泡をすくい取ります。

d) 熱々のジャムを熱々のジャーに入れ、1/4 インチ (0.5 mL) のヘッドスペースを残します。気泡を取り除きます。瓶の縁を拭きます。瓶の中央蓋。バンドを装着し、指先で締めます。ジャーを沸騰水缶詰に入れます。すべての瓶がいっぱいになるまで繰り返します。

e) ジャーを 10 分間処理し、高度を調整します。火を止めます。ふたを外し、ジャーを 5 分間放置します。ジャーを取り出して冷まします。

15. トマトージャム

約 4 (½-PT./250-ML) ジャーを作ります

材料

- プラム トマト 3 kg（6 ポンド）、芯を取り、みじん切りにする
- 小さじ 1 (5 mL) 塩
- 小さじ 1/2 (2 mL) 挽きたての黒コショウ
- みじん切りにしたにんにく 3 片
- 月桂樹の葉 2 枚
- 砂糖 1½ カップ (375 mL)
- バルサミコ酢 125ml
- 辛口白ワイン ¼ カップ（60mL）
- 小さじ 2 (10 mL) エルブ・ド・プロヴァンス

方向：

a) 最初の 5 つの成分を 6-qt に混ぜます。(6-L) ステンレス鋼またはエナメル仕上げのダッチ オーブン。蓋をせず、中火から強火で 1 時間、または半分になるまでよくかき混ぜながら調理します。

b) 砂糖と次の 3 つの成分をかき混ぜます。時々かき混ぜながら、中火で 45 分間、または非常にとろみがつくまで、蓋をせずに調理します。月桂樹の葉を取り除いて捨てます。

c) 熱々のジャムを熱々のジャーに入れ、**1/4** インチ **(0.5 mL)** のヘッドスペースを残します。気泡を取り除きます。瓶の縁を拭きます。瓶の中央蓋。バンドを装着し、指先で締めます。ジャーを沸騰水缶詰に入れます。すべての瓶がいっぱいになるまで繰り返します。

d) ジャーを **10** 分間処理し、高度を調整します。火を止めます。ふたを外し、ジャーを **5** 分間放置します。ジャーを取り出して冷ます。

16. ズッキーニジャム

約 4 (½-PT./250-ML) ジャーを作ります

材料

- 細切りズッキーニ 4 カップ（1 リットル）
- りんごジュース 1 カップ（250mL）
- 大さじ 6 (90 mL) ボール® クラシック ペクチン
- ゴールデンレーズン ¼ カップ（60mL）
- 大さじ 1 (15 mL) ボトル入りレモンジュース
- 小さじ 1 (5 mL) 挽いたシナモン
- 小さじ 1/2 (2 mL) 挽いたナツメグ
- 砂糖 3 カップ (750 mL)

方向：

a) 砂糖を除くすべての材料を 6 クォートに混ぜます。(6-L) ステンレス鋼またはエナメル仕上げのダッチ オーブン。強火で絶えずかき混ぜながら、混合物を完全にかき混ぜながら沸騰させます。

b) 砂糖を加え、かき混ぜて溶かします。混合物を完全に沸騰させます。絶え間なくかき混ぜながら、1 分間沸騰させます。暑さから削除。必要に応じて、泡をすくい取ります。

c) 熱々のジャムを熱々のジャーに入れ、上部に 1/4 インチ (0.5 cm) のスペースを残します。気泡を取り除きます。瓶の縁を拭きます。瓶の中央蓋。バンドを装着し、指先で締めます。ジャ

ーを沸騰水缶詰に入れます。すべての瓶がいっぱいになるまで繰り返します。

d) 瓶を高度に合わせて **15** 分間処理します。火を止めます。ふたを外し、ジャーを **5** 分間放置します。ジャーを取り出して冷まします。

17. ベリーモルジャム

約 6 ($\frac{1}{2}$-PT./250-ML) ジャーを作ります

材料

- ラズベリー、ブルーベリー、またはイチゴ 2 カップ (500 mL)
- 2 本 (12 オンス/355 mL) のフラット ペール エール
- 大さじ 6 (90 mL) ボール® クラシック ペクチン
- 小さじ 1 (5 mL) レモンの皮
- 大さじ 2 杯。(30 mL) フレッシュレモンジュース
- 砂糖 4 カップ（1 リットル）

方向：

a) ベリーを 6 クォートに入れます。(6-L) ステンレス鋼またはエナメル仕上げのダッチ オーブン。ポテトマッシャーでベリーをつぶします。エールと次の 3 つの材料をかき混ぜます。強火で絶えずかき混ぜながら、混合物を完全にかき混ぜながら沸騰させます。

b) 砂糖を加え、かき混ぜて溶かします。混合物を完全に沸騰させます。絶え間なくかき混ぜながら、1 分間沸騰させます。暑さから削除。必要に応じて、泡をすくい取ります。

c) 熱々のジャムを熱々のジャーに入れ、上部に 1/4 インチ (0.5 cm) のスペースを残します。気泡を取り除きます。瓶の縁を拭きます。瓶の中央蓋。バンドを装着し、指先で締めます。ジャーを沸騰水缶詰に入れます。すべての瓶がいっぱいになるまで繰り返します。

d) ジャーを10分間処理し、高度を調整します。火を止めます。ふたを外し、ジャーを5分間放置します。ジャーを取り出して冷ます。

18. 低糖杏ジャム

約 5 (½-PT./250-ML) ジャーを作ります

材料

- りんご大 2 個（それぞれ約 480g）皮をむいてすりおろす
- 大さじ 3 (45 mL) ボトル入りレモンジュース
- りんごジュース 4 カップ（1L）
- 大さじ 3 (45 mL) Ball® 低糖または無糖ペクチン
- 大さじ 1 (15 mL) 砕いたチリ・デ・アルボル、または乾燥した砕いた赤唐辛子
- 砂糖 125ml
- はちみつ 1/2 カップ（125mL）

方向：

a) すりおろしたリンゴとレモン汁を 4 クォートに混ぜます。(4-L) ステンレス鋼またはほうろう仕上げのダッチ オーブン。絶えずかき混ぜながら、10 分またはリンゴが柔らかくなるまで調理します。

b) りんごジュース、ペクチン、砕いたチリ・デ・アルボルを入れてかき混ぜます。強火で絶えずかき混ぜながら、混合物を完全にかき混ぜながら沸騰させます。

c) 砂糖とはちみつを加え、かき混ぜて砂糖を溶かします。混合物を完全に沸騰させます。絶え間なくかき混ぜながら、1 分間沸騰させます。暑さから削除。必要に応じて、泡をすくい取ります。

d) 熱々のジャムを熱々のジャーに入れ、上部に **1/4** インチ (**0.5 cm**) のスペースを残します。気泡を取り除きます。瓶の縁を拭きます。瓶の中央蓋。バンドを装着し、指先で締めます。ジャーを沸騰水缶詰に入れます。すべての瓶がいっぱいになるまで繰り返します。

e) ジャーを **10** 分間処理し、高度を調整します。火を止めます。ふたを外し、ジャーを **5** 分間放置します。ジャーを取り出して冷ます。

19. バルサミコオニオンジャム

約 5 (½-PT./250-ML) ジャーを作ります

材料

- 玉ねぎ 1kg（さいの目切り）
- バルサミコ酢 125ml
- メープルシロップ 1/2 カップ（125mL）
- 小さじ 1½ (7.5 mL) 塩
- 小さじ 2 (10 mL) ホワイトペッパー
- ローリエ 1 枚
- りんごジュース 2 カップ（500mL）
- 大さじ 3 (45 mL) Ball® 低糖または無糖ペクチン
- 砂糖 125ml

方向：

a) 最初の 6 つの成分を 6-qt に混ぜます。(6-L) ステンレス鋼またはエナメル仕上げのダッチ オーブン。時々かき混ぜながら、中火で 15 分、または玉ねぎが半透明になるまで調理します。

b) りんごジュースとペクチンを混ぜます。強火で絶えずかき混ぜながら、混合物を完全にかき混ぜながら沸騰させます。

c) 砂糖を加え、かき混ぜて溶かします。混合物を完全に沸騰させます。絶え間なくかき混ぜながら、1分間沸騰させます。暑さから削除。月桂樹の葉を取り除いて捨てます。必要に応じて、泡をすくい取ります。

d) 熱々のジャムを熱々のジャーに入れ、上部に 1/4 インチ (0.5 cm) のスペースを残します。気泡を取り除きます。瓶の縁を拭きます。瓶の中央蓋。バンドを装着し、指先で締めます。ジャーを沸騰水缶詰に入れます。すべての瓶がいっぱいになるまで繰り返します。

e) 瓶を高度に合わせて 15 分間処理します。火を止めます。ふたを外し、ジャーを 5 分間放置します。ジャーを取り出して冷まし。

20. ブルーベリーレモンジャム

約 4 (½-PT./250-ML) ジャーを作ります

材料

- 4 カップ (1 L) の新鮮なブルーベリー
- 砂糖 1.6 リットル
- 小さじ 1 (5 mL) レモンの皮
- 大さじ 1 (15 mL) フレッシュレモンジュース
- 1 (3 オンス/88.5 mL) パウチ Ball® リキッド ペクチン

方向：

a) ブルーベリーを洗い、水気を切り、スプーンで軽くつぶします (皮が割れる程度)。2.5 カップ (625 mL) の砕いたブルーベリーを 6 クォートに量ります。(6-L) ステンレス鋼またはエナメル仕上げのダッチ オーブン。

b) 砂糖と次の 2 つの材料を追加します。強火で絶えずかき混ぜながら、混合物を完全にかき混ぜながら沸騰させます。

c) ペクチンを加え、すぐにパウチから内容物をすべて絞り出します。絶え間なくかき混ぜながら、1 分間激しく沸騰させ続けます。暑さから削除。必要に応じて、泡をすくい取ります。

d) 熱した混合物を熱したジャーに入れ、1/4 インチ (0.5 cm) のヘッドスペースを残します。気泡を取り除きます。瓶の縁を拭きます。瓶の中央蓋。バンドを装着し、指先で締めます。ジャーを沸騰水缶詰に入れます。すべての瓶がいっぱいになるまで繰り返します。

e) ジャーを 10 分間処理し、高度を調整します。火を止めます。ふたを外し、ジャーを 5 分間放置します。ジャーを取り出して冷ます。

21. りんごジャム

材料:

- 皮をむき、芯を取り、みじん切りにした梨 2 カップ
- 皮をむき、芯を取り、みじん切りにしたリンゴ 1 カップ
- 砂糖 6-1/2 カップ
- 挽いたシナモン 小さじ 1/4
- ボトル入りレモン汁 1/3 カップ
- 6 オンス。液体ペクチン

方向:

a) 大きな鍋でリンゴとナシをつぶし、シナモンをかき混ぜます。

b) 果物に砂糖とレモン汁をよく混ぜ、絶えずかき混ぜながら強火で沸騰させます。すぐにペクチンをかき混ぜます。完全にローリング沸騰させ、絶え間なくかき混ぜながら 1 分間激しく沸騰させます。

c) 火からおろし、すばやく泡をすくい取り、1/4 インチのヘッドスペースを残して滅菌ジャーに詰めます。湿らせた清潔なペーパータオルで瓶の縁を拭きます。

d) ふたを調整して処理します。

22. いちごとルバーブのゼリー

材料：

- 1-1/2 ポンド。ルバーブの赤い茎
- 1-1/2 クォートの熟したイチゴ
- 泡立ちを抑えるバターまたはマーガリン小さじ 1/2
- 砂糖 6 カップ
- 6 オンス。液体ペクチン

方向：

a) ルバーブを洗って 1 インチの小片に切り、ブレンドまたは粉砕します。鍋でイチゴを 1 層ずつ洗い、ヘタを取り、つぶします。

b) 両方の果物をゼリーバッグまたはチーズクロスの二重層に入れ、ジュースを静かに絞ります。大きな鍋に 3-1/2 カップのジュースを測ります。バターと砂糖を加え、ジュースによく混ぜます。

c) 絶えずかき混ぜながら、強火で沸騰させます。すぐにペクチンをかき混ぜます。完全にローリング沸騰させ、絶え間なくかき混ぜながら 1 分間激しく沸騰させます。

d) 火からおろし、すばやく泡をすくい取り、1/4 インチのヘッドスペースを残して滅菌ジャーに詰めます。湿らせた清潔なペーパータオルで瓶の縁を拭きます。

e) ふたを調整して処理します。

23. ブルーベリーのジャム

材料：

- 熟したブルーベリー 2-1/2 パイント
- レモン汁 大さじ 1
- ナツメグまたはシナモン 小さじ 1/2
- 砂糖 5-1/2 カップ
- 水 3/4 カップ
- 1 箱 (1-3/4 オンス) 粉末ペクチン

方向：

a) 鍋でブルーベリーを 1 層ずつ洗い、よくつぶします。レモン汁、スパイス、水を加える。ペクチンをかき混ぜ、頻繁にかき混ぜながら強火で完全に沸騰させます。

b) 砂糖を加えて完全に沸騰させます。絶えずかき混ぜながら、1 分間激しく沸騰させます。

c) 火からおろし、すばやく泡をすくい取り、1/4 インチのヘッドスペースを残して滅菌ジャーに詰めます。湿らせた清潔なペーパータオルで瓶の縁を拭きます。

d) ふたを調整して処理します。

24. ぶどうゼリー

材料：

- 3-1/2 ポンド。熟したプラム
- 3 ポンド。熟したコンコード グレープ
- 1 カップの水
- 泡立ちを抑えるバターまたはマーガリン小さじ 1/2（オプション）
- 砂糖 8-1/2 カップ
- 1 箱 (1-3/4 オンス) 粉末ペクチン

方向：

a) プラムを洗って穴をあけます。はがさないでください。プラムとぶどうを水を入れた鍋で 1 層ずつよくつぶします。沸騰したら蓋をして、10 分煮る。

b) ゼリーバッグ またはチーズクロスの二重層を通してジュースを漉します。砂糖を計って置いておきます。

c) 大きな鍋に 6-1/2 カップのジュースをバターとペクチンと混ぜます。絶え間なくかき混ぜながら、強火で沸騰させます。砂糖を加えて完全に沸騰させます。絶えずかき混ぜながら、1 分間激しく沸騰させます。

d) 火からおろし、すばやく泡をすくい取り、1/4 インチのヘッドスペースを残して滅菌ジャーに詰めます。湿らせた清潔なペーパータオルで瓶の縁を拭きます。

e) ふたを調整して処理します。

25. ゴールデンペッパゼリー

材料：

- みじん切りの黄ピーマン **5** カップ
- みじん切りセラーノチリペッパー $\frac{1}{2}$ カップ
- 蒸留酢 **1-1/2** カップ **(5%)**
- 砂糖 **5** カップ
- **1** パウチ（**3** オンス）の液体ペクチン

方向：

a) すべてのピーマンをよく洗います。ピーマンのヘタと種を取り除く。スイートピーマンとトウガラシをブレンダーまたはフードプロセッサーに入れます。

b) ピーマンをピューレにするのに十分な酢を加えてから、ピューレにします。コショウと酢のピューレと残りの酢を **8** または **10** クォートの鍋に入れます。沸騰するまで加熱します。**10** 分煮て味と色を抽出します。

c) 火からおろし、ゼリーバッグを通してボウルに濾します。（ゼリーバッグが好ましいです。チーズクロスを何層にも重ねて使用することもできます。）

d) 濾したペッパービネガージュースを **2-1/4** カップ計量して鍋に戻します。溶けるまで砂糖をかき混ぜ、混合物を沸騰させます。ペクチンを加え、完全に沸騰させ、絶えずかき混ぜながら **1** 分間激しく沸騰させます．

e) 火からおろし、すばやく泡をすくい取り、**1/4** インチのヘッドスペースを残して滅菌ジャーに詰めます。湿らせた清潔なペーパータオルで瓶の縁を拭きます。

f) ふたを調整して処理します。

26. ピーチパイナップルスプレッド

材料：

- 水気を切った桃の果肉 4 カップ
- 水切り無糖砕いたパイナップル 2 カップ
- ボトル入りレモンジュース 1/4 カップ
- 砂糖 2 カップ（お好みで）

方向：

a) 4～6 ポンドの固く熟した桃をよく洗います。よく排水します。皮をむいて穴を取り除きます。中程度または粗い刃で果肉をすりつぶすか、フォークでつぶします（ブレンダーは使用しないでください）．

b) 2 クォートの鍋に、すりつぶした果物または砕いた果物を入れます。果物が柔らかくなるまで、絶えずかき混ぜながら、ゆっくりと加熱してジュースを放出します。

c) 調理した果物を、4 層のチーズクロスを敷いたゼリー バッグまたはストレーナーに入れます。約 15 分間、ジュースが滴るのを待ちます。ゼリーや他の用途のためにジュースを保存します．

d) スプレッドを作るために、水気を切った果肉を 4 カップ測定します。果肉、パイナップル、レモン汁 4 カップを 4 クォートの鍋に入れます。必要に応じて砂糖を 2 カップまで加え、よく混ぜます。焦げ付かないようによくかき混ぜながら、10～15 分弱火で煮詰めます。

e) **1/4** インチのヘッドスペースを残して、ホットジャーをすばやく満たします。湿らせた清潔なペーパータオルで瓶の縁を拭きます。

f) ふたを調整して処理します。

27. 冷蔵アップルスプレッド

材料:

- 無香料の粉ゼラチン 大さじ 2
- 1 クォート ボトルの無糖アップル ジュース
- ボトル入りレモン汁 大さじ 2
- 液体の低カロリー甘味料 大さじ 2
- お好みで食用色素

方向:

a) 鍋で、リンゴとレモン汁のゼラチンを柔らかくします。ゼラチンを溶かすには、完全に沸騰させ、2分間沸騰させます。暑さから削除。必要に応じて、甘味料と食品着色料を混ぜます。

b) 1/4 インチのヘッドスペースを残して、瓶を満たします。湿らせた清潔なペーパータオルで瓶の縁を拭きます。ふたを調整します。加工・冷凍はしないでください。

c) 冷蔵庫に保管し、4週間以内に使用してください。

28. 冷蔵ぶどうスプレッド

材料：

- 無香料の粉ゼラチン 大さじ 2
- 1 ボトル (24 オンス) 無糖グレープジュース
- ボトル入りレモン汁 大さじ 2
- 液体の低カロリー甘味料 大さじ 2

方向：

a) 鍋にぶどうジュースとレモン汁を入れてゼラチンを柔らかくする。完全に沸騰させてゼラチンを溶かします。1分間沸騰させ、火から下ろします。甘味料をかき混ぜます。

b) 1/4 インチのヘッドスペースを残して、ホットジャーをすばやく満たします。湿らせた清潔なペーパータオルで瓶の縁を拭きます。

c) ふたを調整します。加工・冷凍はしないでください。

d) 冷蔵庫に保管し、4週間以内に使用してください。

29. ペクチン無添加りんごゼリー

材料:

- りんごジュース 4 カップ
- 必要に応じて、濾したレモン汁 大さじ 2
- 砂糖 3 カップ

方向:

a) ジュースを準備します。熟していないリンゴの 4 分の 1 から完全に熟したタルト フルーツの 4 分の 3 の割合で使用します。

b) 茎と花の端を選別、洗浄、除去します。皮をむいたりコアにしたりしないでください。リンゴを小さく切ります。水を加えて蓋をし、強火で沸騰させる。弱火にして 20〜25 分、またはりんごが柔らかくなるまで煮る。ジュースを抽出します。

c) ゼリーを作る。やかんにりんごジュースを計量します。レモン汁と砂糖を加えてよく混ぜる。水の沸点より 8 °F 高い温度まで、またはゼリー混合物がスプーンからシート状に落ちるまで、強火で沸騰させます。

d) 暑さから削除; 泡をすばやくすくい取ります。すぐにゼリーを熱い滅菌缶詰ジャーに上から 1/4 インチまで注ぎます。密封し、沸騰水浴で 5 分間処理します。

30. ペクチン無添加アップルマーマレード

材料：

- 薄くスライスしたりんご 8 カップ
- オレンジ 1 個
- 水 1½ カップ
- 砂糖 5 カップ
- レモン汁 大さじ 2

方向：

a) 果物を準備します。酸っぱいりんごをチョイス。リンゴを洗い、皮をむき、四分の一にし、芯を取る。薄切りにする。オレンジを 4 等分し、種を取り除き、非常に薄くスライスします。

b) マーマレード作りに。水と砂糖を砂糖が溶けるまで加熱する。レモン汁とフルーツを加える。水の沸点より 9 °F 高い温度まで、または混合物がとろみがつくまで、絶えずかき混ぜながら、急速に沸騰させます。暑さから削除; スキム。

c) 熱い滅菌缶詰ジャーにすぐに上から 1/2 インチまで注ぎます。密閉する。沸騰水浴で 5 分間処理します。

31. ペクチン無添加ブラックベリーゼリー

材料:

- ブラックベリージュース 8 カップ
- 砂糖 6 カップ

方向:

a) ジュースを準備します。熟していない果実の 4 分の 1 と熟した果実の 4 分の 3 の割合を選択します。分類して洗います。茎やキャップを取り除きます。いちごをつぶし、水を加えて蓋をし、強火にかけます。火を弱め、5 分間煮る。ジュースを抽出します。

b) ゼリーを作る。やかんにジュースを計量します。砂糖を加えてよくかき混ぜます。水の沸点より 8°F 高い温度まで強火で、またはゼリー混合物がスプーンからシート状に落ちるまで沸騰させます.

c) 暑さから削除; 泡をすばやくすくい取ります。すぐにゼリーを熱い滅菌缶詰ジャーに上から 1/4 インチまで注ぎます。密封し、沸騰水浴で 5 分間処理します。

32. 粉末ペクチン入りチェリーゼリー

材料:

- チェリージュース 3.5 カップ
- 粉末ペクチン 1 袋
- 砂糖 $4\frac{1}{2}$ カップ

方向:

a) ジュースを準備します。完熟したさくらんぼを厳選。茎を選別、洗浄、除去します。ピットしないでください。さくらんぼをつぶし、水を加えて蓋をし、強火で沸騰させる。火を弱め、10 分間煮る。ジュースを抽出します。

b) ゼリーを作る。やかんにジュースを計量します。ペクチンを加えてよくかき混ぜます。強火にかけ、絶え間なくかき混ぜながら、すぐに完全に沸騰させ、かき混ぜることができなくなります。

c) 砂糖を加え、かき混ぜ続け、再び完全に沸騰するまで加熱します。1 分間強火で煮ます。

d) 暑さから削除; 泡をすばやくすくい取ります。ゼリーを熱い滅菌缶詰ジャーに上から 1/4 インチまで注ぎます。密封し、沸騰水浴で 5 分間処理します。

33. 粉末ペクチン入りチェリージャム

材料：

- 種抜きチェリー 4 カップ
- 粉末ペクチン 1 袋
- 砂糖 5 カップ

方向：

a) 果物を準備します。完熟したさくらんぼを選別して洗います。茎と穴を取り除きます。さくらんぼをすりおろすか、みじん切りにする。

b) ジャム作りに。あらかじめ皮をむいたさくらんぼをケトルに計量します。ペクチンを加えてよくかき混ぜます。強火にかけ、絶え間なくかき混ぜながら、表面全体に泡が立つようにすばやく完全に沸騰させます。

c) 砂糖を加え、かき混ぜ続け、再び完全に沸騰するまで加熱します。絶えずかき混ぜながら、1 分間激しく沸騰させます。暑さから削除; スキム。

d) すぐに、滅菌済みの熱い缶詰ジャーに上から 1/4 インチまで注ぎます。密封し、沸騰水浴で 5 分間処理します。

34. 洋梨ペアン入りちじくジャム

材料:

- 砕いたイチジク 4 カップ（約 3 ポンドのイチジク）
- $\frac{1}{2}$ カップのレモン汁
- 砂糖 $7\frac{1}{2}$ カップ
- $\frac{1}{2}$ ボトルの液体ペクチン

方向:

a) 果物を準備します。完熟いちじくを選別して洗います。茎の端を取り除きます。果物をつぶしたり、すりつぶしたりします。

b) ジャム作りに。つぶしたイチジクとレモン汁をやかんに入れます。砂糖を加えてよくかき混ぜます。強火にかけ、絶えずかき混ぜながら、表面全体に泡が立つようにすばやく完全に沸騰させます。絶えずかき混ぜながら、1 分間激しく沸騰させます。

c) 暑さから削除。ペクチンをかき混ぜます。泡をすばやくすくい取ります。すぐに、滅菌済みの熱い缶詰ジャーに上から 1/4 インチまで注ぎます。密封し、沸騰水浴で 5 分間処理します。

35. 粉末ペクチン入りぶどうゼリー

材料:

- ぶどうジュース 5 カップ
- 粉末ペクチン 1 袋
- 砂糖 7 カップ

方向:

a) ジュースを準備します。完熟ブドウを選別し、洗浄し、茎を取り除きます。ぶどうをつぶし、水を加えて蓋をし、強火にかけます。火を弱め、10 分間煮る。ジュースを抽出します。

b) ゼリーを作る。やかんにジュースを計量します。ペクチンを加えてよくかき混ぜます。強火にかけ、絶え間なくかき混ぜながら、すぐに完全に沸騰させ、かき混ぜることができなくなります。

c) 砂糖を加え、かき混ぜ続け、再び完全に沸騰させます。1 分間強火で煮ます。

d) 暑さから削除; 泡をすばやくすくい取ります。すぐにゼリーを熱い滅菌缶詰ジャーに上から 1/4 インチまで注ぎます。密封し、沸騰水浴で 5 分間処理します。

半パイントの瓶が 8〜9 本分作れます。

36. 液体ペクチン入りミントパイナップルジャム

材料：

- 1つの 20 オンス。砕いたパイナップル缶 水 3/4 カップ
- レモン汁 $\frac{1}{4}$ カップ
- 砂糖 $7\frac{1}{2}$ カップ
- 液体ペクチン 1 本 小さじ $\frac{1}{2}$ ミント エキス 緑色の着色料 数滴

方向：

a) 砕いたパイナップルをやかんに入れます。水、レモン汁、砂糖を加える。よくかき混ぜ。

b) 強火にかけ、絶えずかき混ぜながら、表面全体に泡が立つようにすばやく完全に沸騰させます。絶えずかき混ぜながら、1 分間激しく沸騰させます。暑さから削除; ペクチン、フレーバーエキス、着色料を加えます。スキム。

c) すぐに、滅菌済みの熱い缶詰ジャーに上から 1/4 インチまで注ぎます。密封し、沸騰水浴で 5 分間処理します。

ハーフパイントのジャーが 9～10 個分作れます。

37. 液体ペクチン入りミックスフルーツゼリー

材料:

- クランベリージュース 2 カップ
- マルメロジュース 2 カップ
- りんごジュース 1 カップ
- 砂糖 7$\frac{1}{2}$ カップ
- $\frac{1}{2}$ ボトルの液体ペクチン

方向:

a) 果物を準備します。完熟クランベリーを選別して洗います。水を加えて蓋をし、強火で沸騰させる。火を弱め、20 分間煮る。ジュースを抽出します。

b) マルメロを選別して洗います。茎と花の端を取り除きます。皮をむいたりコアにしたりしないでください。非常に薄くスライスするか、細かく切ります。水を加えて蓋をし、強火で沸騰させる。火を弱め、25 分間煮る。ジュースを抽出します。

c) りんごを選別して洗います。茎と花の端を取り除きます。皮をむいたりコアにしたりしないでください。小さく切り分ける。水を加えて蓋をし、強火で沸騰させる。火を弱め、20 分煮る。ジュースを抽出します。

d) ゼリーを作る。やかんにジュースを計量します。砂糖をかき混ぜます。強火にかけ、絶え間なくかき混ぜながら、すぐに完全に沸騰させ、かき混ぜることができなくなります。

e) ペクチンを加えて完全に沸騰させます。1 分間強火で煮ます。

f) 暑さから削除; 泡をすばやくすくい取ります。すぐにゼリーを熱い滅菌缶詰ジャーに上から 1/4 インチまで注ぎます。密封し、沸騰水浴で 5 分間処理します。

8 オンスの瓶を 9 つまたは 10 個作ります。

38. オレンジゼリー

材料：

- 砂糖 $3\frac{1}{4}$ カップ
- 1 カップの水
- レモン汁 大さじ 3 杯 液体ペクチン 1/2 本
- 6 オンス缶 (3/4 カップ) の冷凍濃縮オレンジ ジュース 1 つ

方向：

a) 水に砂糖を入れてかき混ぜます。強火にかけ、絶え間なくかき混ぜながら、すぐに完全に沸騰させ、かき混ぜることができなくなります。

b) レモン汁を加える。1 分間強火で煮ます。

c) 暑さから削除。ペクチンをかき混ぜます。解凍した濃縮オレンジジュースを加えてよく混ぜます。

d) すぐにゼリーを熱い滅菌缶詰ジャーに上から 1/4 インチまで注ぎます。密封し、沸騰水浴で 5 分間処理します。

ハーフパイントのジャーが 4〜5 個分作れます。

39. スパイスオレンジゼリー

材料：

- オレンジジュース 2 カップ
- レモン汁 1/3 カップ
- 水 2/3 カップ
- 粉末ペクチン 1 袋
- みじん切りにしたオレンジの皮 大さじ 2
- 小さじ 1 杯のオールスパイス
- クローブ全体小さじ $\frac{1}{2}$
- シナモンスティック 4 本、長さ 2 インチ
- 砂糖 $3\frac{1}{2}$ カップ

方向：

a) 大きな鍋にオレンジジュース、レモンジュース、水を混ぜます。

b) ペクチンをかき混ぜます。

c) きれいな白い布にオレンジの皮、オールスパイス、クローブ、シナモン スティックをゆるく置き、ひもで結び、フルーツ ミックスを加えます。

d) 強火にかけ、絶え間なくかき混ぜながら、すぐに完全に沸騰させ、かき混ぜることができなくなります。

e) 砂糖を加え、かき混ぜ続け、再び完全に沸騰するまで加熱します。1分間強火で煮ます。

f) 暑さから削除。スパイスバッグを取り出し、泡をすばやくすくい取ります。すぐにゼリーを熱い滅菌缶詰ジャーに上から 1/4 インチまで注ぎます。密封し、沸騰水浴で 5 分間処理します。

半パイント瓶 4 個分。

40. オレンジマーマレード

材料：

- ½カップのグレープフルーツの皮（½グレープフルーツ）
- オレンジの皮 3/4 カップ（オレンジ 1 個）
- レモンの皮 13/ カップ（レモン 1 個）
- 1 クォートの冷水
- グレープフルーツ 1 個の果肉
- 中サイズのオレンジ 4 個の果肉
- レモン汁 2 カップ
- 2 カップの熱湯
- 砂糖 3 カップ

方向：

a) 果物を準備します。果物を洗って皮をむきます。皮を薄い帯に切ります。冷水を加え、蓋をした鍋で柔らかくなるまで煮る（約 30 分）。ドレイン。

b) 皮をむいた果実から種とワタを取り除きます。果物を小さく切ります。

c) マーマレード作りに。皮と実に熱湯を加える。砂糖を加え、頻繁にかき混ぜながら、水の沸点より 9 °F 高い温度まですばやく沸騰させます (約 20 分)。暑さから削除; スキム。

d) すぐに、滅菌済みの熱い缶詰ジャーに上から 1/4 インチまで注ぎます。密封し、沸騰水浴で 5 分間処理します。

半パイントのジャーで 3〜4 本分作れます。

41. アプリコットオレンジコンサーブ

材料：

- みじん切りにしたアプリコット 3 $\frac{1}{2}$ カップ
- オレンジジュース 1.5 カップ
- みじん切りにしたオレンジの皮 1/2 個分
- レモン汁 大さじ 2
- 砂糖 3 $\frac{1}{4}$ カップ
- 刻んだナッツ $\frac{1}{2}$ カップ

方向：

a) ドライアプリコットを準備します。アプリコットを 3 カップの水で柔らかくなるまで調理します（約 20 分）。排水してチョップ。

b) 節約すること。ナッツ以外のすべての材料を混ぜます。絶えずかき混ぜながら、水の沸点より 9 °F 高い温度まで、またはとろみがつくまで調理します。ナッツを追加します。よくかき混ぜ。暑さから削除; スキム。

c) すぐに、滅菌済みの熱い缶詰ジャーに上から 1/4 インチまで注ぎます。密封し、沸騰水浴で 5 分間処理します。

半パイント瓶約 5 個分。

42. 粉末ペクチン入りピーチジャム

材料：

- 砕いた桃 3/4 カップ
- ½カップのレモン汁
- 粉末ペクチン 1 袋
- 砂糖 5 カップ

方向：

a) 果物を準備します。完熟した桃を選別して洗います。茎、皮、種を取り除きます。桃をつぶします。

b) ジャム作りに。つぶした桃をやかんに計量します。レモン汁とペクチンを加える。よくかき混ぜ。強火にかけ、絶えずかき混ぜながら、表面全体に泡が立つようにすばやく完全に沸騰させます。

c) 砂糖を加え、かき混ぜ続け、再び完全に沸騰するまで加熱します。絶えずかき混ぜながら、1 分間激しく沸騰させます。暑さから削除; スキム。

d) すぐに、滅菌済みの熱い缶詰ジャーに上から 1/4 インチまで注ぎます。密封し、沸騰水浴で 5 分間処理します。

半パイント瓶約 6 個分。

43. スパイシーブルベリーピチジャム

材料：

- みじん切りまたはすりつぶした桃 4 カップ
- ブルーベリー 4 カップ
- レモン汁 大さじ 2
- 水 $\frac{1}{2}$ カップ
- 砂糖 $5\frac{1}{2}$ カップ
- 小さじ 1/2 の塩
- スティックシナモン 1 本
- クローブ全体小さじ $\frac{1}{2}$
- 小さじ 1/4 のオールスパイス

方向：

a) 果物を準備します。完熟した桃を選別して洗います。皮をむいてピットを取り除きます。桃をみじん切りまたはすりおろします。

b) 新鮮なブルーベリーの茎を選別し、洗い、取り除きます。

c) 冷凍ベリーを解凍します。

d) ジャム作りに。やかんに果物を測定します。レモン汁と水を加える。ふたをして沸騰させ、時々かき混ぜながら 10 分間煮る。

e) 砂糖と塩を加えます。よくかき混ぜ。チーズクロスで結んだスパイスを加えます。絶え間なくかき混ぜながら、水の沸点より **9°F** 高い温度まで、または混合物が濃くなるまで、急速に沸騰させます。

f) すぐに、滅菌済みの熱い缶詰ジャーに上から **1/4** インチまで注ぎます。密封し、沸騰水浴で **5** 分間処理します。

半パイントの瓶が **6〜7** 個分作れます。

44. ピーチオレンジマーマレード

材料：

- みじん切りまたはすりつぶした桃 5 カップ
- みじん切りまたはすりおろしたオレンジ 1 カップ

方向：

a) みじん切りにしたオレンジの皮 1 個 レモン汁 大さじ 2 杯 砂糖 6 カップ

b) 果物を準備します。完熟した桃を選別して洗います。桃をみじん切りまたはすりおろします。

c) みかんは皮、白い部分、種を取り除く。

d) パルプをチョップまたは粉砕します。

e) マーマレード作りに。準備した果物を計量してやかんに入れます。残りの材料を入れてよくかき混ぜます。水の沸点より 9 °F 高い温度になるまで、または混合物が濃くなるまで絶えずかき混ぜながら、急速に沸騰させます。暑さから削除; スキム。

f) すぐに、滅菌済みの熱い缶詰ジャーに上から 1/4 インチまで注ぎます。密封し、沸騰水浴で 5 分間処理します。

半パイントの瓶が 6〜7 個分作れます。

45. 液体ペクチン入りパイナップルジャム

材料:

- 砕いたパイナップル 20 オンス缶 1 個
- レモン汁 大さじ 3
- 砂糖 $3\frac{1}{4}$ カップ
- $\frac{1}{2}$ ボトルの液体ペクチン

方向:

a) ケトルでパイナップルとレモン汁を混ぜます。砂糖を加えてよくかき混ぜます。強火にかけ、絶えずかき混ぜながら、表面全体に泡が立つようにすばやく完全に沸騰させます。

b) 絶えずかき混ぜながら、1 分間激しく沸騰させます。

c) 暑さから削除; ペクチンをかき混ぜます。スキム。

d) 5 分間放置します。

e) すぐに、滅菌済みの熱い缶詰ジャーに上から 1/4 インチまで注ぎます。

f) 密封し、沸騰水浴で 5 分間処理します。

ハーフパイントのジャーが 4〜5 個分作れます。

46. 液体ペクチン入り梅ゼリー

材料：

- 梅ジュース 4 カップ
- 砂糖 $7\frac{1}{2}$ カップ
- $\frac{1}{2}$ ボトルの液体ペクチン

方向：

a) ジュースを準備します。完熟したプラムを選別して洗い、細かく切ります。はがしたり穴を開けたりしないでください。果物をつぶし、水を加えて蓋をし、強火にかけます。火を弱め、10分間煮る。ジュースを抽出します。

b) ゼリーを作る。やかんにジュースを計量します。砂糖をかき混ぜます。強火にかけ、絶え間なくかき混ぜながら、すぐに完全に沸騰させ、かき混ぜることができなくなります。

c) ペクチンを追加します。再び完全に沸騰させます。1分間硬く煮ます。

d) 暑さから削除; 泡をすばやくすくい取ります。すぐにゼリーを熱い滅菌缶詰ジャーに上から 1/4 インチまで注ぎます。密封し、沸騰水浴で 5 分間処理します。

ハーフパイントのジャーが 7〜8 個分作れます。

47. ペクチン無添加のゼリー

材料:

- マルメロジュース 3 3/4 カップ
- レモン汁 1/3 カップ
- 砂糖 3 カップ

方向:

a) ジュースを準備します。熟していないマルメロの約 4 分の 1 と完全に熟した果実の 4 分の 3 の割合を選択します。茎と花の端を選別、洗浄、除去します。皮をむいたりコアにしたりしないでください。マルメロを非常に薄くスライスするか、細かく切ります。

b) 水を加えて蓋をし、強火で沸騰させる。火を弱め、25 分間煮る。ジュースを抽出します。

c) ゼリーを作る。ケトルにマルメロジュースを計量します。レモン汁と砂糖を加える。よくかき混ぜ。水の沸点より 8°F 高い温度まで強火で沸騰させるか、ゼリー混合物がスプーンからシートを形成するまで沸騰させます.

d) 暑さから削除; 泡をすばやくすくい取ります。ゼリーを熱い滅菌缶詰ジャーに上から 1/4 インチまで注ぎます。密封し、沸騰水浴で 5 分間処理します。

e) 約 4 つの 8 オンスの瓶を作ります.

48. 粉ペクチン入りいちごジャム

材料：

- つぶしたイチゴ $5\frac{1}{2}$ カップ
- 粉末ペクチン 1 袋
- 砂糖 8 カップ

方向：

a) 果物を準備します。完熟いちごを選別して洗います。ステムとキャップを取り外します。ベリーをつぶします。

b) ジャム作りに。つぶしたいちごを計量してやかんに入れます。ペクチンを加えてよくかき混ぜます。強火にかけ、絶え間なくかき混ぜながら、表面全体に泡が立つようにすばやく完全に沸騰させます。

c) 砂糖を加え、かき混ぜ続け、再び完全に沸騰するまで加熱します。絶えずかき混ぜながら、1 分間激しく沸騰させます。暑さから削除; スキム。

d) すぐに、滅菌済みの熱い缶詰ジャーに上から 1/4 インチまで注ぎます。密封し、沸騰水浴で 5 分間処理します。

e) ハーフパイントのジャーが 9〜10 個分作れます。

49. トゥッティフルッティジャム

材料：

- みじん切りまたはすりおろした梨 3 カップ
- オレンジ大 1 個
- 水気を切った砕いたパイナップル 3/4 カップ
- 刻んだマラスキーノ チェリー 1/4 カップ
- レモン汁 $\frac{1}{4}$ カップ
- 粉末ペクチン 1 袋
- 砂糖 5 カップ

方向：

a) 果物を準備します。熟した梨を選別して洗います。パレとコア。梨をみじん切りまたはすりおろします。オレンジは皮をむき、種を取り除き、果肉をみじん切りまたはすりおろします。

b) ジャム作りに。みじん切りにした梨を計量してやかんに入れます。オレンジ、パイナップル、チェリー、レモン汁を加えます。ペクチンをかき混ぜます。

c) 強火にかけ、絶え間なくかき混ぜながら、表面全体に泡が立つようにすばやく完全に沸騰させます。

d) 砂糖を加え、かき混ぜ続け、再び完全に沸騰するまで加熱します。絶えずかき混ぜながら、1 分間激しく沸騰させます。暑さから削除; スキム。

e) すぐに、滅菌済みの熱い缶詰ジャーに上から **1/4** インチまで注ぎます。密封し、沸騰水浴で **5** 分間処理します。

半パイントの瓶が **6〜7** 個分作れます。

果物および果物製品

50. アップルバター

材料:

- 8 ポンド。りんご
- サイダー 2 カップ
- 酢 2 カップ
- 白砂糖 2-1/4 カップ
- ブラウンシュガー 2-1/4 カップ
- 挽いたシナモン 大さじ 2
- 挽いたクローブ 大さじ 1

方向:

a) 洗って、茎、四分の一、芯の果実を取り除きます。サイダーと酢で柔らかくなるまでゆっくりと調理します。ザル、フードミル、またはストレーナーを通して果物を押します。頻繁にかき混ぜながら、果肉を砂糖とスパイスで調理します。

b) 焼き加減をテストするには、スプーン一杯分を取り出し、蒸気から 2 分間離します。スプーンにバターが残っていれば完成です。バターが十分に調理されているかどうかを判断する別の方法は、スプーンで少量を皿に取ることです。1/4 インチのヘッドスペースを残して、無菌のハーフパイントまたはパイントジャーに熱いものを入れます。湿らせた清潔なペーパータオルで瓶の縁を拭きます。

c) ふたを調整して処理します。

51. スパイスアップルリング

材料：

- 12 ポンド。しっかりとした酸味のあるりんご (最大直径 2-1/2 インチ)
- 砂糖 12 カップ
- 水 6 カップ
- ホワイトビネガー（5%）1-1/4 カップ
- クローブ丸ごと 大さじ 3
- 3/4 カップのレッド ホット シナモン キャンディーまたは
- シナモンスティック 8 本と
- 赤の食用色素 小さじ 1（お好みで）

方向：

a) りんごを洗う。変色を防ぐため、りんごは 1 個ずつ皮をむいてスライスしてください。すぐに横方向に 1/2 インチのスライスに切り、メロンボーラーで芯の部分を取り除き、アスコルビン酸溶液に浸します。

b) フレーバー シロップを作るには、砂糖、水、酢、クローブ、シナモン キャンディー、またはシナモン スティックと食品着色料を 6 クォートの鍋に入れます。かき混ぜ、沸騰するまで加熱し、3 分間煮ます。

c) りんごの水気を切り、ホットシロップに加え、**5**分間調理します。ホットジャー（できれば広口）にアップルリングとホットフレーバーシロップを入れ、**1/2**インチのヘッドスペースを残します．

d) 気泡を取り除き、必要に応じてヘッドスペースを調整します。湿らせた清潔なペーパータオルで瓶の縁を拭きます。

e) ふたを調整して処理します。

52. スパイシーなりんご

材料：

- 5 ポンド。カニりんご
- アップルサイダービネガー（5%）4-1/2 カップ
- 水 3-3/4 カップ
- 砂糖 7-1/2 カップ
- クローブ丸ごと 小さじ 4
- シナモン 4 本
- 新鮮なショウガの根 1/2 インチの立方体 6 個

方向：

a) 花びらを取り除き、リンゴを洗いますが、茎は付けたままにします。りんごの皮をアイスピックかつまようじで 4 回刺します。酢、水、砂糖を混ぜて沸騰させます。

b) スパイスバッグまたはガーゼで結んだスパイスを加えます。ブランチャーバスケットまたはふるいを使用して、一度にリンゴの 1/3 を沸騰したビネガー/シロップ溶液に 2 分間浸します。調理済みのリンゴとスパイスバッグを清潔な 1 ガロンまたは 2 ガロンの容器に入れ、熱いシロップを加えます。

c) カバーして一晩放置します。スパイスバッグを取り出し、シロップを大きな鍋に注ぎ、沸騰するまで再加熱します. 1/2 インチのヘッドスペースを残して、ホットパイントジャーにリンゴ

とホットシロップを入れます。気泡を取り除き、必要に応じてヘッドスペースを調整します。

d) 湿らせた清潔なペーパータオルで瓶の縁を拭きます。ふたを調整して処理します。

53. マクメロのピクルス

材料：

- 5 ポンド。1 インチのマスクメロンの立方体
- 砕いた赤唐辛子フレーク 小さじ 1
- 2 1 インチのシナモンスティック
- クローブ 小さじ 2 杯
- 生姜 小さじ 1
- りんご酢 4-1/2 カップ (5%)
- 水 2 カップ
- 白砂糖 1-1/2 カップ
- ライトブラウンシュガー 1-1/2 カップ
- 収量：約 4 パイントジャー

方向：

初日：

a) マスクメロンを洗い、半分に切る。種を取り除きます。1 インチのスライスに切り、皮をむきます。肉のストリップを 1 インチの立方体に切ります。

b) 5 ポンドのピースを量り、大きなガラスのボウルに入れます。赤唐辛子フレーク、シナモン スティック、クローブ、ショウガをスパイス バッグに入れ、両端をしっかりと結びます。

c) 酢と水を 4 クォートのストックポットに入れます。沸騰したら火を止める。酢と水の混合物にスパイス バッグを加え、時々かき混ぜながら 5 分間浸します。ボウルの中のメロンに熱い酢の溶液とスパイスバッグを注ぎます．食品グレードのプラスチック製のふたまたはラップで覆い、冷蔵庫で一晩 (約 18 時間) 放置します。

二日目：

d) 8〜10 クォートの大きな鍋に酢溶液を慎重に注ぎ、沸騰させます。砂糖を加えます。かき混ぜて溶かします。マスクメロンを加えて沸騰させます。火を弱め、マスクメロンが半透明になるまで煮ます (約 1 時間から 1 時間半)。マスクメロンのピースを中型のストックポットに移し、蓋をして脇に置きます。

e) 残りの液体を沸騰させ、さらに 5 分間沸騰させます。マスクメロンを液体シロップに戻し、沸騰させます。穴あきスプーンを使って、熱いマスクメロンをホット パイント ジャーに入れ、1 インチのヘッドスペースを残します。1/2 インチのヘッドスペースを残して、沸騰した熱いシロップで覆います。

f) 気泡を取り除き、必要に応じてヘッドスペースを調整します。湿らせた清潔なペーパータオルで瓶の縁を拭きます。ふたを調整して処理します。

54. クランベリーオレンジチャツネ

材料:

- 24 オンスの新鮮な丸ごとクランベリー
- 白ねぎのみじん切り 2 カップ
- ゴールデンレーズン 2 カップ
- 白砂糖 1-1/2 カップ
- ブラウンシュガー 1-1/2 カップ
- 蒸留酢 (5%) 2 カップ
- オレンジジュース 1 カップ
- 皮をむき、すりおろした生姜 小さじ 4
- シナモンスティック 3 本

方向:

a) クランベリーをよくすすぐ。大きなダッチオーブンですべての材料を混ぜ合わせます。強火で沸騰させます。火を弱め、15 分間またはクランベリーが柔らかくなるまで穏やかに煮る。焦げ付かないようによくかき混ぜてください。

b) シナモンスティックを取り出して捨てる。ホットチャツネをホットハーフパイントジャーに入れ、1/2 インチのヘッドスペースを残します。

c) 気泡を取り除き、必要に応じてヘッドスペースを調整します。湿らせた清潔なペーパータオルで瓶の縁を拭きます。ふたを調整して処理します。

55. マンゴーチャツネ

材料:

- 11 カップまたは 4 ポンド。熟していないマンゴーのみじん切り
- みじん切り黄玉ねぎ 2-1/2 カップ
- すりおろした生姜 大さじ 2〜1/2
- 新鮮なにんにくのみじん切り 大さじ 1〜1/2
- 砂糖 4-1/2 カップ
- 蒸留酢 (5%) 3 カップ
- ゴールデンレーズン 2-1/2 カップ
- 小さじ 1〜1 缶詰の塩
- チリパウダー 小さじ 4

方向:

a) すべての農産物をよく洗います。マンゴーの皮をむき、芯を取り、3/4 インチの立方体に切ります。フード プロセッサー バッチごとに 6 つの 1 秒パルスを使用して、フード プロセッサーでマンゴー キューブをチョップします。（ピューレにしたり細かく刻んだりしないでください。）

b) 玉ねぎは手で皮をむき、みじん切り、にんにくはみじん切り、生姜はすりおろす。8〜10 クォートの鍋に砂糖と酢を混ぜます。沸騰させ、5 分間沸騰させます。他のすべての材料を加えて、沸騰させます。

c) 火を弱め、時々かき混ぜながら **25** 分煮る。ホットチャツネを ホットパイントまたはハーフパイントジャーに入れ、**1/2** イン チのヘッドスペースを残します. 気泡を取り除き、必要に応じ てヘッドスペースを調整します。

d) 湿らせた清潔なペーパータオルで瓶の縁を拭きます。ふたを調 整して処理します。

56. マンゴソース

材料：

- 5-1/2 カップ または 3-1/4 ポンド。マンゴーピュレ
- はちみつ 大さじ 6
- ボトル入りレモン汁 大さじ 4
- 砂糖 3/4 カップ
- 小さじ 2-1/2（7500 ミリグラム）のアスコルビン酸
- 挽いたシナモン 小さじ 1/8
- ナツメグ 小さじ 1/8

方向：

a) マンゴーの果肉を洗い、皮をむき、種と分けます。マンゴーの果肉を一口大に切り、ブレンダーまたはフードプロセッサーでなめらかになるまでピューレ状にします。

b) すべての材料を 6～8 クォートのダッチ オーブンまたはストックポットで混ぜ合わせ、混合物が 200°F になるまで中火から強火で加熱します。

c) 混合物は加熱すると飛び散るので、皮膚を火傷しないように手袋またはオーブン ミトンを必ず着用してください。1/4 インチのヘッドスペースを残して、ホットソースをホットハーフパイントジャーに入れます．

d) 気泡を取り除き、必要に応じてヘッドスペースを調整します。湿らせた清潔なペーパータオルで瓶の縁を拭きます。ふたを調整して処理します。

57. ミックスフルーツカクテル

材料:

- 3 ポンド。桃
- 3 ポンド。洋ナシ
- 1-1/2 ポンド。やや未熟な種なし青ぶどう
- マラスキーノ チェリーの 10 オンス瓶
- 砂糖 3 カップ
- 水 4 カップ

方向:

a) ぶどうの茎を洗い、アスコルビン酸溶液に漬ける。

b) 熟した固い桃を一度に数個、熱湯に 1〜1 分半浸して皮をほぐします。

c) 冷水につけて皮をむく。半分に切り、種を取り除き、1/2 インチの立方体に切り、ブドウと一緒に溶液に保ちます。梨は皮をむき、半分に切り、芯をとります。

d) 1/2 インチの立方体に切り、ブドウと桃と一緒に溶液に入れておきます。

e) 鍋に砂糖と水を入れて沸騰させる。ミックスフルーツは水気を切る。各ホットジャーに 1/2 カップのホットシロップを追加します。

f) 次に、いくつかのサクランボを追加し、**1/2** インチのヘッドスペースを残して、ミックス フルーツとホット シロップを瓶にそっと入れます。

g) 気泡を取り除き、必要に応じてヘッドスペースを調整します。湿らせた清潔なペーパータオルで瓶の縁を拭きます。

h) ふたを調整して処理します。

58. ズキニ・パイナップル

材料：

- ズッキーニの角切りまたは千切り 4 クォート
- 46 オンス。無糖パイナップルジュースの缶詰
- ボトル入りレモンジュース 1-1/2 カップ
- 砂糖 3 カップ

方向：

a) ズッキーニの皮をむき、1/2 インチの立方体に切るか細切りにする．大きな鍋にズッキーニと他の材料を混ぜて沸騰させます。20 分煮る。

b) 1/2 インチのヘッドスペースを残して、熱いジャーに熱い混合物と調理液を入れます。気泡を取り除き、必要に応じてヘッドスペースを調整します。湿らせた清潔なペーパータオルで瓶の縁を拭きます。ふたを調整して処理します。

59. スパイシークランベリーサルサ

材料：

- 赤玉ねぎのみじん切り 6 カップ
- みじん切りの大きなセラーノペッパー 4 個
- 水 1-1/2 カップ
- りんご酢（5%）1-1/2 カップ
- 大さじ 1 缶詰の塩
- 砂糖 1-1/3 カップ
- クローバーハニー 大さじ 6
- 12 カップ (2-3/4 ポンド) 洗い流した新鮮なホールクランベリー

方向：

a) 大きなダッチオーブンでクランベリー以外のすべての材料を混ぜ合わせます。強火で沸騰させます。火を少し弱め、5 分間穏やかに沸騰させます。

b) クランベリーを加え、火を少し弱め、焦げないようにときどきかき混ぜながら 20 分間煮る。熱い混合物をホット パイント ジャーに入れ、1/4 インチのヘッドスペースを残します。瓶に詰めている間、ソースポットを弱火にかけます。

c) 気泡を取り除き、必要に応じてヘッドスペースを調整します。湿らせた清潔なペーパータオルで瓶の縁を拭きます。ふたを調整して処理します。

60. マンゴーサルサ

材料：

- さいの目に切った未熟マンゴー 6 カップ
- さいの目に切った赤ピーマン 1-1/2 カップ
- みじん切り黄玉ねぎ 1/2 カップ
- 砕いた赤唐辛子フレーク 小さじ 1/2
- にんにくのみじん切り 小さじ 2
- しょうがのみじん切り 小さじ 2
- ライトブラウンシュガー 1 カップ
- りんご酢 1-1/4 カップ (5%)
- 水 1/2 カップ

方向：

a) すべての農産物をよく洗います。マンゴーの皮をむき、1/2 インチの立方体に切ります。ピーマンを 1/2 インチの角切りにします。黄玉ねぎはみじん切りにする。

b) すべての材料を 8 クォートのダッチ オーブンまたはストックポットに入れます。砂糖を溶かすためにかき混ぜながら、強火で沸騰させます。

c) 弱火にして 5 分煮る。**1/2** インチのヘッドスペースを残して、熱い固形物を熱い半パイント瓶に入れます. **1/2** インチのヘッドスペースを残して、熱い液体で覆います。

d) 気泡を取り除き、必要に応じてヘッドスペースを調整します。湿らせた清潔なペーパータオルで瓶の縁を拭きます。ふたを調整して処理します。

61. ピーチアップサルサ

材料：

- 刻んだローマトマト 6 カップ
- さいの目に切った黄玉ねぎ 2-1/2 カップ
- 刻んだピーマン 2 カップ
- 固く刻んだ熟していない桃 10 カップ
- みじん切りにしたグラニースミスりんご 2 カップ
- ミックスピクリングスパイス 大さじ 4
- 大さじ 1 缶詰の塩
- 砕いた赤唐辛子フレーク 小さじ 2
- 3-3/4 カップ (1-1/4 ポンド) 詰められたライトブラウン シュガー
- りんご酢 2-1/4 カップ (5%)

方向：

a) 100% チーズクロスのきれいな 2 層の 6 インチ四方の部分にピクルス スパイスを置きます。角を合わせてきれいな紐で結びます。(または、購入したモスリン スパイス バッグを使用します)。

b) トマトを洗って皮をむきます（洗ったトマトを沸騰したお湯に 1 分間入れ、すぐに冷水に入れ、皮をむきます）．

c) 1/2 インチに切ります。タマネギの皮をむき、洗って、1/4 インチの角切りにします。ピーマンを洗い、芯を取り、種をまきます。1/4 インチに切ります。

d) 刻んだトマト、タマネギ、ピーマンを 8 または 10 クォートのダッチ オーブンまたはソースポットで混ぜ合わせます。桃を洗い、皮をむき、穴をあけます。半分に切り、アスコルビン酸溶液 (0.5 ガロンの水に 1500 mg) に 10 分間浸します。

e) りんごを洗い、皮をむき、芯を取ります。半分に切り、アスコルビン酸溶液に 10 分間浸します。

f) 変色を防ぐために、桃とリンゴを 1/2 インチの立方体にすばやく切り刻みます。みじん切りにした桃とりんごを野菜と一緒に鍋に入れます。ソースポットにピクルス スパイス バッグを追加します。塩、赤唐辛子フレーク、ブラウン シュガー、酢を入れてかき混ぜます。

g) 軽くかき混ぜながら材料を混ぜ合わせながら沸騰させます。火を弱め、時々かき混ぜながら 30 分煮る。鍋からスパイスバッグを取り出して捨てる。スロット付きスプーンを使用して、1-1/4 インチのヘッドスペース (各ジャーに約 3/4 ポンドの固体) を残して、サルサ固形物を熱いパイント瓶に入れます。

h) 1/2 インチのヘッドスペースを残して、調理液で覆います。

i) 気泡を取り除き、必要に応じてヘッドスペースを調整します。湿らせた清潔なペーパータオルで瓶の縁を拭きます。ふたを調整して処理します。

野菜の発酵・漬物

62. ディルピクルス

材料：

- 4 ポンド。4 インチのキュウリのピクルス
- ディルシード 大さじ 2 杯または生または乾燥ディルウィー 4〜5 個
- 1/2 カップの塩
- 酢 1/4 カップ (5%
- 8 カップの水と次の材料の 1 つまたは複数:
- にんにく 2 かけ（お好みで）
- 乾燥赤ピーマン 2 個（お好みで）
- ミックスピクルススパイス小さじ 2 杯

方向：

a) きゅうりを洗います。花の端を 1/16 インチのスライスに切り、廃棄します。1/4 インチのステムを取り付けたままにします。清潔で適切な容器の底にディルとスパイスの半分を置きます。

b) きゅうり、残りのディル、スパイスを加えます。酢と水に塩を溶かし、きゅうりにかけます。

c) 適切なカバーとウェイトを追加します。温度が 70°〜75°F の場所で、発酵中約 3〜4 週間保管してください。温度は華氏 55

度から 65 度まで許容できますが、発酵には 5 週間から 6 週間かかります。

d) 80°F を超える温度は避けてください。そうしないと、発酵中にピクルスが柔らかくなりすぎます。発酵ピクルスはゆっくりと硬化します。週に数回容器を確認し、表面のアクやカビを速やかに取り除いてください。注意：漬物が柔らかくなったり、ぬるぬるしたり、異臭がしたりしたら捨ててください。

e) 完全に発酵したピクルスは、冷蔵保存し、表面のアクやカビを定期的に取り除いていれば、元の容器で約 4 〜 6 か月間保存できます。完全に発酵したピクルスを缶詰にすることは、それらを保存するためのより良い方法です．それらを缶詰にするには、ブラインを鍋に注ぎ、ゆっくりと加熱して沸騰させ、5 分間煮ます．必要に応じて、紙のコーヒーフィルターでブラインをろ過して濁りを減らします。

f) 1/2 インチのヘッドスペースを残して、ホットジャーにピクルスとホットブラインを入れます。

g) 気泡を取り除き、必要に応じてヘッドスペースを調整します。湿らせた清潔なペーパータオルで瓶の縁を拭きます。

h) ふたを調整して処理します。

63. ザワークラウト

材料：

- 25 ポンド。キャベツ
- 3/4 カップの缶詰またはピクルス塩

方向：

a) 一度に約 5 ポンドのキャベツで作業してください．外葉は捨てる。冷たい流水で頭をすすぎ、水を切ります。頭は四つ割りにして芯を取り除く。4 分の 1 の厚さに細断またはスライスします。

b) キャベツを適切な発酵容器に入れ、大さじ 3 の塩を加えます。きれいな手でよく混ぜます。塩でキャベツから汁が出てくるまでしっかりとパックします。

c) すべてのキャベツが容器に入るまで、千切り、塩漬け、包装を繰り返します。その縁がキャベツから少なくとも 4〜5 インチ上になるように、十分な深さであることを確認してください．ジュースがキャベツを覆っていない場合は、沸騰させて冷却したブラインを追加します（水 1 クォートあたり大さじ 1-1/2 の塩）．

d) プレートとウェイトを追加します。清潔なバスタオルで容器を覆います。発酵中は 70°〜75°F で保管してください。70°〜75°F の温度では、クラウトは約 3〜4 週間で完全に発酵します。60°〜65°F で、発酵には 5〜6 週間かかる場合があります。60°F 未満の温度では、クラウトは発酵しない場合があります。75°F を超えると、クラウトが柔らかくなることがあります。

e) 塩水を入れた袋でキャベツの重さを量る場合は、通常の発酵が完了するまで(泡立ちが止まるまで)、容器を動かさないでください。瓶を重りとして使用する場合は、週に2〜3回クラウトをチェックし、スカムが形成されている場合は除去する必要があります。完全に発酵したクラウトは、密閉して冷蔵庫で数か月保存できます。

f) 気泡を取り除き、必要に応じてヘッドスペースを調整します。湿らせた清潔なペーパータオルで瓶の縁を拭きます。ふたを調整して処理します。

64. パセリのピクルス

材料：

- 6 ポンド。4〜5 インチのキュウリのピクルス
- 薄切り玉ねぎ 8 カップ
- 1/2 カップの缶詰またはピクルス塩
- 酢 4 カップ (5%)
- 砂糖 4-1/2 カップ
- マスタードシード 大さじ 2
- セロリシード 大さじ 1〜1/2
- ターメリック 大さじ 1
- ライムのピクルス 1 カップ

方向：

a) きゅうりを洗います。花の端を 1/16 インチカットして捨てます。3/16 インチのスライスにカットします。大きなボウルにきゅうりと玉ねぎを混ぜます。塩を加える。2 インチの砕いた氷または角氷で覆います。必要に応じて氷を追加しながら、3〜4 時間冷蔵します。

b) 大きな鍋に残りの材料を混ぜ合わせる。10 分煮ます。きゅうりと玉ねぎを水気を切って加え、ゆっくりと沸騰するまで再加熱します。ホットパイントジャーにスライスとクッキングシロップを入れ、1/2 インチのヘッドスペースを残します．気泡を

取り除き、必要に応じてヘッドスペースを調整します。湿らせた清潔なペーパータオルで瓶の縁を拭きます。

c) ふたを調整して処理します。

65. 生ディルピクルス

材料:

- 8 ポンド。3〜5 インチのキュウリのピクルス
- 2 ガロンの水
- 缶詰またはピクルスの塩 1-1/4 カップ
- 酢 1-1/2 クォート (5%)
- 砂糖 1/4 カップ
- 2 クォートの水
- ミックスピクリングスパイス 大さじ 2
- 約大さじ 3 杯のマスタードシード
- 約 14 個の新鮮なディル（1 パイントジャーあたり 1-1/2 個）または
- ディルシード 大さじ 4-1/2（1 パイントジャーあたり小さじ 1-1/2）

方向:

a) きゅうりを洗います。花の端の 1/16 インチのスライスを切り、廃棄しますが、茎の 1/4 インチは付けたままにします。2 ガロンの水に 3/4 カップの塩を溶かします。きゅうりの上に注ぎ、12 時間放置します。ドレイン。

b) 酢、1/2 カップの塩、砂糖、2 クォートの水を混ぜ合わせます。きれいな白い布で結んだ混合ピクルス スパイスを加えます。沸騰するまで加熱します。熱い瓶にきゅうりを入れます。

c) 小さじ 1 杯のマスタードシードと 1 パイントあたり 1-1/2 ヘッドの新鮮なディルを追加します。1/2 インチのヘッドスペースを残して、沸騰したピクルス液で覆います。気泡を取り除き、必要に応じてヘッドスペースを調整します。湿らせた清潔なペーパータオルで瓶の縁を拭きます。

d) ふたを調整して処理します。

66. 甘酢ピクルス

材料：

- 7 ポンド。きゅうり（1-1/2 インチ以下）
- 1/2 カップの缶詰またはピクルス塩
- 砂糖 8 カップ
- 酢 6 カップ (5%)
- ターメリック 小さじ 3/4
- セロリの種 小さじ 2
- ミックスピクリングスパイス 小さじ 2 杯
- シナモンスティック 2 本
- フェンネル 小さじ 1/2（お好みで）
- バニラ 小さじ 2（お好みで）

方向：

a) きゅうりを洗います。花の端の 1/16 インチのスライスを切り、廃棄しますが、茎の 1/4 インチは付けたままにします。

b) きゅうりを大きな容器に入れ、沸騰したお湯で覆います。6～8 時間後、2 日目に再び水を切り、1/4 カップの塩を含む 6 クォートの新鮮な熱湯で覆います。3 日目、きゅうりの水気を切り、テーブルフォークで刺します。

c) 酢3カップ、砂糖3カップ、ターメリック、スパイスを合わせて沸騰させます。きゅうりにかける。6〜8時間後、水気を切り、ピクルスシロップを保存します。さらに砂糖と酢をそれぞれ2カップ加え、再加熱して沸騰させます。ピクルスにかける。

d) 4日目、水気を切ってシロップをとっておく。さらに砂糖2カップと酢1カップを加えます。沸騰するまで加熱し、ピクルスに注ぎます。ピクルスシロップは水気を切り、6〜8時間後に保存してください。砂糖1カップとバニラティースプーン2杯を加え、沸騰するまで加熱します。

e) 滅菌済みのホット パイント ジャーにピクルスを詰め、ホットシロップで覆い、1/2インチのヘッドスペースを残します。

f) 気泡を取り除き、必要に応じてヘッドスペースを調整します。湿らせた清潔なペーパータオルで瓶の縁を拭きます。

g) ふたを調整して処理します。

67. 14日醤油漬け

材料：

- 4 ポンド。2〜5 インチのキュウリのピクルス
- 3/4 カップの缶詰またはピクルス塩
- セロリシード 小さじ 2
- ミックスピクルススパイス 大さじ 2
- 砂糖 5-1/2 カップ
- 酢 4 カップ (5%)

方向：

a) きゅうりを洗います。花の端の 1/16 インチのスライスを切り、廃棄しますが、茎の 1/4 インチは付けたままにします。きゅうり全体を適切な 1 ガロンの容器に入れます。

b) 1/4 カップの缶詰またはピクルスの塩を 2 クォートの水に加え、沸騰させます．きゅうりにかける。適切なカバーとウェイトを追加します。

c) 清潔なタオルを容器の上に置き、温度を約 70°F に保ちます。3 日目と 5 日目には、塩水を排出して廃棄します。きゅうりをすすぎ、きゅうりを容器に戻します。2 クォートの真水に 1/4 カップの塩を加えて沸騰させます。きゅうりにかける。

d) カバーとウェイトを元に戻し、きれいなタオルでカバーします。7日目に塩水を捨てて捨てる。きゅうり、ふた、重しをすすぐ。

68. あっさり酢漬け

材料:

- 8 ポンド。3〜4 インチのキュウリのピクルス
- 1/3 カップの缶詰またはピクルス塩
- 砂糖 4-1/2 カップ
- 酢 3-1/2 カップ (5%)
- セロリシード 小さじ 2
- オールスパイス 大さじ 1
- マスタードシード 大さじ 2
- 1 カップの酸洗ライム (オプション)

方向:

a) きゅうりを洗います。花の端の 1/16 インチを切り取って捨てますが、茎の 1/4 インチは付けたままにします。必要に応じて、スライスまたはストリップにカットします。ボウルに入れ、1/3 カップの塩をふりかける。2 インチの砕いた氷または角氷で覆います。

b) 3〜4 時間冷蔵します。必要に応じて氷を追加します。よく排水します。

c) 砂糖、酢、セロリの種、オールスパイス、マスタードの種を 6 クォートのやかんに入れます。沸騰するまで加熱します。

d) ホットパック - きゅうりを加え、酢溶液が沸騰するまでゆっくりと加熱します。時々かき混ぜて、混合物が均一に加熱されるようにします。1/2 インチのヘッドスペースを残して、滅菌ジャーを満たします。

e) 生のパック - 1/2 インチのヘッドスペースを残して、熱い瓶に詰めます。1/2 インチのヘッドスペースを残して、ホットピクリングシロップを追加します.

f) 気泡を取り除き、必要に応じてヘッドスペースを調整します。湿らせた清潔なペーパータオルで瓶の縁を拭きます。

g) ふたを調整して処理します。

69. アスパラの瓶漬け

材料：

- 10 ポンド。アスパラガス
- にんにく大 6 片
- 水 4-1/2 カップ
- 蒸留酢 4-1/2 カップ (5%)
- 6 つの小さな唐辛子（オプション）
- 缶詰の塩 1/2 カップ
- ディルシード 小さじ 3

方向：

a) アスパラガスを流水でよく、しかしやさしく洗います。底から茎を切り取り、槍の先端を缶詰の瓶に入れ、1/2 インチ強のヘッドスペースを残します．にんにくの皮をむいて洗います。

b) 各瓶の底にニンニクのクローブを置き、アスパラガスを熱した瓶に鈍い端を下にしてしっかりと詰めます．8 クォートのソースポットに、水、酢、唐辛子 (オプション)、塩、ディル シードを混ぜます。

c) 沸騰させる。アスパラガスの槍の上に、各瓶に唐辛子（使用する場合）を 1 つずつ入れます。1/2 インチのヘッドスペースを残して、槍の上に沸騰した熱いピクルスブラインを注ぎます．

d) 気泡を取り除き、必要に応じてヘッドスペースを調整します。湿らせた清潔なペーパータオルで瓶の縁を拭きます。

e) ふたを調整して処理します。

70. ディルビーンズのピクルス

材料：

- 4 ポンド。新鮮な柔らかい緑色または黄色の豆
- 新鮮なディル 8～16 個
- にんにく 8 かけ（お好みで）
- 1/2 カップの缶詰またはピクルス塩
- ホワイトビネガー（5%）4 カップ
- 水 4 カップ
- 小さじ 1 杯の赤唐辛子の湖（オプション）

方向：

a) 豆の端を洗って切り落とし、4 インチの長さに切ります。滅菌済みの熱いパイント ジャーに、1～2 個のディル ヘッドと、必要に応じてニンニク 1 片を入れます。1/2 インチのヘッドスペースを残して、豆全体をジャーに直立させます。

b) 必要に応じて、豆を適切にトリミングします。塩、酢、水、コショウの湖 (必要に応じて) を混ぜ合わせます。沸騰させる。1/2 インチのヘッドスペースを残して、豆に熱い溶液を加えます。

c) 気泡を取り除き、必要に応じてヘッドスペースを調整します。湿らせた清潔なペーパータオルで瓶の縁を拭きます。

d) ふたを調整して処理します。

71. 三豆漬サラダ

材料:

- 湯通しした緑豆/黄豆 1-1/2 カップ
- 水気を切った缶詰の赤インゲン豆 1-1/2 カップ
- 水気を切ったひよこ豆の缶詰 1 カップ
- 皮をむいて薄切りにした玉ねぎ 1/2 カップ
- セロリ 1/2 カップ
- スライスしたピーマン 1/2 カップ
- ホワイトビネガー（5%）1/2 カップ
- ボトル入りレモンジュース 1/4 カップ
- 砂糖 3/4 カップ
- 1/4 カップの油
- 小さじ 1/2 缶詰またはピクルス塩
- 水 1-1/4 カップ

方向:

a) 新鮮な豆の端を洗い、スナップします。1〜2 インチの部分にカットまたはスナップします。

b) 3分湯がいてすぐに冷ます。いんげん豆を水道水ですすぎ、もう一度水気を切ります。他のすべての野菜を準備して測定します。

c) 酢、レモン汁、砂糖、水を合わせて沸騰させます。暑さから削除。

d) ごま油と塩を加えてよく混ぜる。豆、玉ねぎ、セロリ、ピーマンを溶液に加えて煮込みます。

e) 冷蔵庫で12〜14時間マリネしてから、混合物全体を加熱して沸騰させます。熱い瓶に固形物を入れます。1/2インチのヘッドスペースを残して、熱い液体を追加します。

f) 気泡を取り除き、必要に応じてヘッドスペースを調整します。湿らせた清潔なペーパータオルで瓶の縁を拭きます。

g) ふたを調整して処理します。

72. ピクルスビーツ

材料：

- 7 ポンド。直径 2～2-1/2 インチのビーツ
- 酢 4 カップ (5%)
- 小さじ 1-1/2 缶詰またはピクルス塩
- 砂糖 2 カップ
- 水 2 カップ
- シナモンスティック 2 本
- クローブ 12 粒
- 玉ねぎ 4～6 個（直径 2～2-1/2 インチ）、

方向：

a) 色のにじみを防ぐために、1 インチの茎と根を残して、ビーツの上部をトリムします。

b) よく洗います。サイズで並べ替えます。同じくらいの大きさを合わせて蓋をし、沸騰したお湯で柔らかくなるまで煮る（約 25～30 分）。注意: 液体を排出して廃棄します。クールなビーツ。根と茎のトリミングと皮のすべり。1/4 インチのスライスにスライスします。玉ねぎは皮をむき、薄切りにする。

c) 酢、塩、砂糖、真水を混ぜます。チーズクロスバッグにスパイスを入れ、酢の混合物に加えます．沸騰させる。ビートとタマ

ネギを追加します。**5**分煮る。スパイスバッグを取り出します。

d) **1/2** インチのヘッドスペースを残して、熱い瓶にビーツとタマネギを入れます。**1/2** インチのヘッドスペースを確保しながら、熱い酢溶液を追加します。

e) 気泡を取り除き、必要に応じてヘッドスペースを調整します。湿らせた清潔なペーパータオルで瓶の縁を拭きます。

f) ふたを調整して処理します。

73. にんじんのピクルス

材料：

- 2-3/4 ポンド。皮をむいたニンジン
- ホワイトビネガー（5%）5-1/2 カップ
- 1 カップの水
- 砂糖 2 カップ
- 缶詰の塩 小さじ 2
- マスタードシード 小さじ 8
- セロリシード 小さじ 4

方向：

a) にんじんは洗って皮をむく。厚さ約 1/2 インチの円形にカットします。

b) 酢、水、砂糖、缶詰の塩を 8 クォートのダッチ オーブンまたは鍋に入れます。沸騰させて 3 分煮る。ニンジンを加えて沸騰させます。その後弱火にし、半熟になるまで加熱する（約 10 分）。

c) その間、小さじ 2 杯のマスタードシードと小さじ 1 杯のセロリシードをそれぞれの空のホットパイントジャーに入れます．1 インチのヘッドスペースを残して、瓶に熱いニンジンを入れます。1/2 インチのヘッドスペースを残して、熱いピクルス液で満たします。

d) 気泡を取り除き、必要に応じてヘッドスペースを調整します。湿らせた清潔なペーパータオルで瓶の縁を拭きます。

e) ふたを調整して処理します。

74. カリフラワーのピクルスブリュッセル

材料：

- 1〜2インチのカリフラワーの花または小さな芽キャベツ 12カップ
- ホワイトビネガー（5%）4カップ
- 砂糖 2カップ
- 薄切り玉ねぎ 2カップ
- さいの目に切った赤ピーマン 1カップ
- マスタードシード 大さじ 2
- セロリシード 大さじ 1
- ウコン 小さじ 1
- 小さじ 1杯の赤唐辛子の湖

方向：

a) カリフラワーの花または芽キャベツを洗い（茎と傷んだ外側の葉を取り除きます）、塩水（水1ガロンあたり小さじ4杯の塩）でカリフラワーの場合は 3分間、芽キャベツの場合は 4分間沸騰させます。排水して冷ます。

b) 大きな鍋に酢、砂糖、玉ねぎ、さいの目に切った赤唐辛子、スパイスを混ぜます。沸騰させて5分煮る。タマネギとさいの目に切ったコショウを瓶に分けます。1/2インチのヘッドスペースを残して、ホットジャーに小片とピクルス液を入れます。

c) 気泡を取り除き、必要に応じてヘッドスペースを調整します。湿らせた清潔なペーパータオルで瓶の縁を拭きます。

d) ふたを調整して処理します。

75. ハクサイとニンジンのコールスロー

材料:

- ヒカマの千切り 4 カップ
- ハヤトウリの千切り 4 カップ
- みじん切り赤ピーマン 2 カップ
- 2 みじん切り唐辛子
- 水 2-1/2 カップ
- りんご酢（5%）2-1/2 カップ
- 白砂糖 1/2 カップ
- 小さじ 3-1/2 缶詰の塩
- セロリシード 小さじ 1（お好みで）

方向:

a) 注意: プラスチック製またはゴム製の手袋を着用し、トウガラシを扱ったり切ったりするときに顔に触れないでください。手袋を着用していない場合は、顔や目に触れる前に石鹸と水で手をよく洗ってください。

b) ハヤトウリとハヤトウリを洗い、皮をむき、薄く千切りにし、ハヤトウリの種を捨てます。8 クォートのダッチ オーブンまたはストックポットで、ハヤトウリ以外のすべての材料を混ぜ合わせます。沸騰させて 5 分間沸騰させます。

c) 弱火にしてハヤトウリを加えます。再沸騰させてから火を止めます。1/2 インチのヘッドスペースを残して、熱い固形物を熱い半パイント瓶に入れます．

d) 1/2 インチのヘッドスペースを残して、沸騰した調理液で覆います。

e) 気泡を取り除き、必要に応じてヘッドスペースを調整します。湿らせた清潔なペーパータオルで瓶の縁を拭きます。

f) ふたを調整して処理します。

76. ピクルスの塩漬け

材料：

- ヒカマの角切り 14 カップ
- 薄切り玉ねぎ 3 カップ
- みじん切り赤ピーマン 1 カップ
- ホワイトビネガー（5%） 4 カップ
- 砂糖 4-1/2 カップ
- マスタードシード 大さじ 2
- セロリシード 大さじ 1
- ターメリック 小さじ 1

方向：

a) 酢、砂糖、スパイスを 12 クォートのダッチ オーブンまたは大きなソースポットで混ぜ合わせます。かき混ぜて沸騰させます。準備したヒカマ、タマネギのスライス、赤ピーマンをかき混ぜます。再び沸騰したら弱火にし、5 分煮る。時々かき混ぜます。

b) 1/2 インチのヘッドスペースを残して、熱い固形物をホットパイントジャーに入れます。1/2 インチのヘッドスペースを残して、沸騰した調理液で覆います。

c) 気泡を取り除き、必要に応じてヘッドスペースを調整します。湿らせた清潔なペーパータオルで瓶の縁を拭きます。

d) ふたを調整して処理します。

77. きのこの丸ごとマリネ

材料：

- 7 ポンド。小さな丸ごとキノコ
- ボトル入りレモンジュース 1/2 カップ
- オリーブオイルまたはサラダオイル 2 カップ
- ホワイトビネガー（5%）2-1/2 カップ
- オレガノの葉 大さじ 1
- 乾燥バジルの葉 大さじ 1
- 缶詰またはピクルス塩 大さじ 1
- みじん切り玉ねぎ 1/2 カップ
- さいの目に切ったピミエント 1/4 カップ
- にんにく 2 片（4 等分に切る）
- 黒こしょう 25 粒

方向：

a) キャップの直径が 1-1/4 インチ未満の非常に新鮮な未開封のキノコを選択します。洗ってください。キャップに取り付けられた 1/4 インチを残して、茎を切ります。レモン汁と水を加えてかぶる。沸騰させる。5 分煮る。きのこを水気を切る。

b) 鍋にオリーブオイル、酢、オレガノ、バジル、塩を混ぜます。玉ねぎとピーマンを炒め、沸騰するまで加熱します。

c) にんにく **1/4** 片とコショウの実 **2〜3** 粒を半パイント瓶に入れます。**1/2** インチのヘッドスペースを残して、熱いジャーにマッシュルームとよく混ぜた油と酢の溶液を入れます。

d) 気泡を取り除き、必要に応じてヘッドスペースを調整します。湿らせた清潔なペーパータオルで瓶の縁を拭きます。

e) ふたを調整して処理します。

78. オクラのディル漬け

材料：

- 7 ポンド。小さなオクラのさや
- 6 つの小さな唐辛子
- ディルシード 小さじ 4
- にんにく 8〜9 片
- 缶詰またはピクルス塩 2/3 カップ
- 水 6 カップ
- 酢 6 カップ (5%)

方向：

a) オクラを洗って整えます。1/2 インチのヘッドスペースを残して、熱い瓶にオクラ全体をしっかりと入れます。にんにく 1 片を各瓶に入れます。

b) 大きな鍋に塩、唐辛子、ディルシード、水、酢を入れて沸騰させます。1/2 インチのヘッドスペースを残して、オクラに熱いピクルス溶液を注ぎます。

c) 気泡を取り除き、必要に応じてヘッドスペースを調整します。湿らせた清潔なペーパータオルで瓶の縁を拭きます。

d) ふたを調整して処理します。

79. パールオニオンのピクルス

材料：

- 皮をむいたホワイトパールオニオン 8 カップ
- ホワイトビネガー（5%）5-1/2 カップ
- 1 カップの水
- 缶詰の塩 小さじ 2
- 砂糖 2 カップ
- マスタードシード 小さじ 8
- セロリシード 小さじ 4

方向：

a) タマネギの皮をむくには、一度に数個を金網のバスケットまたはストレーナーに入れ、沸騰したお湯に 30 秒間浸し、取り出して冷水に 30 秒間入れます。根の端から 1/16 インチのスライスを切り、次に皮を取り除き、タマネギのもう一方の端から 1/16 インチを切ります。

b) 酢、水、塩、砂糖を 8 クォートのダッチ オーブンまたは鍋に入れます。沸騰させて 3 分煮る。

c) 皮をむいた玉ねぎを加えて、沸騰させます。弱火にし、半熟になるまで加熱する（約 5 分）。

d) その間、小さじ 2 杯のマスタードシードと小さじ 1 杯のセロリシードをそれぞれの空のホットパイントジャーに入れます。1

インチのヘッドスペースを残して、熱いタマネギで満たしてください。1/2 インチのヘッドスペースを残して、熱いピクルス液で満たします。

e) 気泡を取り除き、必要に応じてヘッドスペースを調整します。湿らせた清潔なペーパータオルで瓶の縁を拭きます。

f) ふたを調整して処理します。

80. ピーマンのメホ

材料:

- ベル、ハンガリアン、バナナ、またはハラペーニョ
- 4 ポンド。しっかりしたピーマン
- ボトル入りレモンジュース 1 カップ
- ホワイトビネガー（5%）2 カップ
- オレガノの葉 大さじ 1
- オリーブオイルまたはサラダ油 1 カップ
- みじん切り玉ねぎ 1/2 カップ
- にんにく 2 かけ（お好みで）
- わさび大さじ 2（お好みで）

方向:

a) お好みの胡椒をお選びください。注意: 唐辛子を選択する場合は、プラスチックまたはゴム製の手袋を着用し、唐辛子を扱ったり切ったりするときに顔に触れないでください。

b) 各コショウを洗い、2〜4 本のスリットを切り、熱湯でブランチングするか、次の 2 つの方法のいずれかを使用して、硬い皮のトウガラシの皮をまぶします。

c) オーブンまたはブロイラーで皮を膨らませる方法 - ピーマンを高温のオーブン (400°F) またはブロイラーの下に 6 ～ 8 分間入れ、皮が膨らむまで焼きます。

d) スキンをブリスターする最高の方法 - ホットバーナー (ガスまたは電気のいずれか) を重い金網で覆います。

e) ピーマンをバーナーに数分間置き、皮が膨れるまで焼きます。

f) ピーマンの皮をむいた後、鍋に入れ、湿らせた布巾をかぶせます。(これにより、ピーマンの皮がむきやすくなります。) 数分間冷ます。皮のむき。ピーマンを丸ごと平たくする。

g) 鍋に残りの材料を全て混ぜ合わせ、沸騰するまで加熱する。1/4 ガーリック クローブ (オプション) と 1/4 小さじの塩を各ホット ハーフ パイント ジャーに入れるか、1 パイントあたり小さじ 1/2 を入れます。ホットジャーにピーマンを入れます。1/2 インチのヘッドスペースを残して、ピーマンの上によく混ぜた熱いオイル/ピクルス溶液を追加します.

h) 気泡を取り除き、必要に応じてヘッドスペースを調整します。湿らせた清潔なペーパータオルで瓶の縁を拭きます。

i) ふたを調整して処理します。

81. ピーマンの酢漬け

材料:

- 7 ポンド。しっかりピーマン
- 砂糖 3-1/2 カップ
- 酢 3 カップ (5%)
- 水 3 カップ
- にんにく 9 かけ
- 缶詰またはピクルス用の塩 小さじ 4-1/2

方向:

a) ピーマンは洗って 4 等分にし、ヘタとヘタを取り、ヘタを取り除く。ピーマンは短冊切りにする。砂糖、酢、水を 1 分間沸騰させます。

b) ピーマンを加えて沸騰させる。にんにく 1/2 片と小さじ 1/4 の塩を滅菌済みの半パイントの熱い瓶に入れます。パイントジャーの量の 2 倍。

c) コショウのストリップを追加し、熱い酢の混合物で覆い、1/2 インチを残します

82. 唐辛子のピクルス

材料:

- ハンガリー、バナナ、チリ、ハラペーニョ
- 4 ポンド。熱い長い赤、緑、または黄色のピーマン
- 3 ポンド。赤ピーマンとピーマンのミックス
- 酢 5 カップ (5%)
- 1 カップの水
- 小さじ 4 杯の缶詰またはピクルス塩
- 砂糖 大さじ 2
- にんにく 2 かけ

方向:

a) 注意: プラスチック製またはゴム製の手袋を着用し、トウガラシを扱ったり切ったりするときに顔に触れないでください。手袋を着用していない場合は、顔や目に触れる前に石鹸と水で手をよく洗ってください。

b) ピーマンを洗います。小ピーマンが丸ごと残っている場合は、それぞれ 2〜4 本の切り込みを入れます。4 分の 1 の大きなピーマン。

c) 次の 2 つの方法のいずれかを使用して、沸騰したお湯で湯通しするか、硬い皮のトウガラシの皮をまぶします。

d) オーブンまたはブロイラーで皮を膨らませる方法 - ピーマンを高温のオーブン (400°F) またはブロイラーの下に 6 ～ 8 分間入れ、皮が膨らむまで焼きます。

e) スキンをブリスターする最高の方法 - ホットバーナー (ガスまたは電気のいずれか) を重い金網で覆います。

f) ピーマンをバーナーに数分間置き、皮が膨れるまで焼きます。

g) ピーマンの皮をむいた後、鍋に入れ、湿らせた布巾をかぶせます。（これにより、ピーマンの皮がむきやすくなります。）数分間冷ます。皮のむき。小さなピーマンを平らにします。4 分の 1 の大きなピーマン。1/2 インチのヘッドスペースを残して、ホットジャーにピーマンを入れます。

h) 他の材料を合わせて沸騰するまで加熱し、10 分間煮ます。にんにくを取り除く。1/2 インチのヘッドスペースを残して、ピーマンの上にホットピクルス液を追加します．

i) 気泡を取り除き、必要に応じてヘッドスペースを調整します。湿らせた清潔なペーパータオルで瓶の縁を拭きます。

j) ふたを調整して処理します。

83. ピクルスハラペーニョペッパーリング

材料：

- 3 ポンド。ハラペーニョペッパー
- 1-1/2 カップ ライムのピクルス
- 1-1/2 ガロンの水
- リンゴ酢 7-1/2 カップ (5%)
- 水 1～3/4 カップ
- 缶詰の塩 大さじ 2-1/2
- セロリシード 大さじ 3
- マスタードシード 大さじ 6

方向：

a) 注意: プラスチック製またはゴム製の手袋を着用し、トウガラシを扱ったり切ったりするときに顔に触れないでください。

b) ピーマンをよく洗い、1/4 インチの厚さのスライスにスライスします。茎の端を捨てる。

c) 1-1/2 カップの酸洗石灰を 1-1/2 ガロンの水と混ぜて、ステンレス鋼、ガラス、または食品グレードのプラスチック容器に入れます。石灰水溶液を混ぜている間は、石灰粉を吸い込まないようにしてください。

d) コショウのスライスを冷蔵庫の石灰水に **18** 時間浸し、時々かき混ぜます（**12〜24** 時間使用できます）．浸したペッパーリングからライム溶液を排出します。

e) ピーマンを水で優しく、しかし完全に洗い流します。ペッパーリングを新鮮な冷水で覆い、冷蔵庫で **1** 時間浸します。ピーマンの水気を切る。すすぎ、浸漬、排水の手順をあと **2** 回繰り返します。最後はしっかり水気を切る。

f) 各ホットパイントジャーの底にマスタードシード大さじ **1** とセロリシード小さじ **1-1/2** を入れます．**1/2** インチのヘッドスペースを残して、水気を切ったペッパーリングを瓶に詰めます．りんご酢、**1-3/4** カップの水、缶詰の塩を強火で沸騰させます。**1/2** インチのヘッドスペースを残して、瓶のペッパーリングの上に沸騰した熱いブライン溶液をひしゃくします。

g) 気泡を取り除き、必要に応じてヘッドスペースを調整します。湿らせた清潔なペーパータオルで瓶の縁を拭きます。

h) ふたを調整して処理します。

84. 黄ピーマンのソテー漬け

材料:

- 2-1/2 から 3 ポンド。黄（バナナ）ピーマン
- セロリシード 大さじ 2
- マスタードシード 大さじ 4
- リンゴ酢 5 カップ (5%)
- 水 1-1/4 カップ
- 缶詰の塩 小さじ 5

方向:

a) ピーマンをよく洗い、茎の端を取り除きます。ピーマンを厚さ 1/4 インチの輪切りにします。空のホットパイントジャーの底に、大さじ 1/2 のセロリシードと大さじ 1 のマスタードシードを入れます。

b) 1/2 インチのヘッドスペースを残して、ペッパーリングを瓶に入れます。4 クォートのダッチ オーブンまたはソースパンで、りんご酢、水、塩を混ぜ合わせます。沸騰するまで加熱します。ペッパーリングを沸騰したピクルス液で覆い、1/2 インチのヘッドスペースを残します。

c) 気泡を取り除き、必要に応じてヘッドスペースを調整します。湿らせた清潔なペーパータオルで瓶の縁を拭きます。

d) ふたを調整して処理します。

85. 甘酸っぱいグリーントマトのピクルス

材料:

- 10〜11 ポンド。グリーントマトの
- 玉ねぎのみじん切り 2 カップ
- 1/4 カップの缶詰またはピクルス塩
- ブラウンシュガー 3 カップ
- 酢 4 カップ (5%)
- マスタードシード 大さじ 1
- オールスパイス 大さじ 1
- セロリシード 大さじ 1
- クローブ丸ごと 大さじ 1

方向:

a) トマトと玉ねぎは洗ってスライスする。ボウルに入れ、1/4 カップの塩をまぶして、4〜6 時間放置します。ドレイン。砂糖を酢に溶かして溶かす。

b) マスタードシード、オールスパイス、セロリシード、クローブをスパイスバッグに入れます。トマトと玉ねぎを酢に加えます。必要に応じて、ピースを覆うために最小限の水を追加します。焦げないように必要に応じてかき混ぜながら、沸騰させて 30 分間煮ます。トマトは適切に調理すると柔らかく透明になるはずです。

c) スパイスバッグを取り出します。熱い瓶に固形物を入れ、**1/2**インチのヘッドスペースを残して、熱いピクルス液で覆います。

d) 気泡を取り除き、必要に応じてヘッドスペースを調整します。湿らせた清潔なペーパータオルで瓶の縁を拭きます。

e) ふたを調整して処理します。

86. ミックスベジタブルのピクルス

材料:

- 4 ポンド。4〜5 インチのキュウリのピクルス
- 2 ポンド。皮をむいて四等分した小玉ねぎ
- セロリ 4 カップ (1 インチの小片)
- 皮をむいてカットしたにんじん 2 カップ (1/2 インチ片)
- 赤ピーマン 2 カップ (1/2 インチのピース)
- カリフラワーの花 2 カップ
- ホワイトビネガー (5%) 5 カップ
- マスタード 1/4 カップ
- 1/2 カップの缶詰またはピクルス塩
- 砂糖 3-1/2 カップ
- セロリシード 大さじ 3
- マスタードシード 大さじ 2
- クローブ丸ごと 小さじ 1/2
- ターメリック 小さじ 1/2

方向:

a) 野菜を混ぜ合わせ、2 インチの角氷または砕いた氷で覆い、3〜4 時間冷蔵します。

b) 8クォートのやかんで、酢とマスタードを混ぜ合わせ、よく混ぜます。

c) 塩、砂糖、セロリシード、マスタードシード、クローブ、ターメリックを加える。沸騰させる。野菜の水気を切り、熱いピクルス液に加える。

d) ふたをしてゆっくりと沸騰させます。野菜の水気を切るが、ピクルス液は取っておく。1/2 インチのヘッドスペースを残して、野菜を熱い滅菌パイントジャーまたはホットクォートに入れます。1/2 インチのヘッドスペースを残して、ピクルス液を追加します。

e) 気泡を取り除き、必要に応じてヘッドスペースを調整します。湿らせた清潔なペーパータオルで瓶の縁を拭きます。

f) ふたを調整して処理します。

87. ズッキーニの塩漬け

材料：

- スライスした新鮮なズッキーニ 16 カップ
- 薄くスライスしたタマネギ 4 カップ
- 1/2 カップの缶詰またはピクルス塩
- ホワイトビネガー（5%）4 カップ
- 砂糖 2 カップ
- マスタードシード 大さじ 4
- セロリシード 大さじ 2
- ターメリック 小さじ 2

方向：

a) ズッキーニとタマネギのスライスを 1 インチの水と塩で覆います。2 時間放置し、よく水気を切る。酢、砂糖、香辛料を混ぜ合わせる。沸騰させ、ズッキーニと玉ねぎを加えます。1/2 インチのヘッドスペースを残して、混合物とピクルス溶液で 5 分間煮込み、病気の熱い瓶.

b) 気泡を取り除き、必要に応じてヘッドスペースを調整します。湿らせた清潔なペーパータオルで瓶の縁を拭きます。

c) ふたを調整して処理します。

88. ハヤウリ艶レリッシュ

材料：

- ハヤトウリ 3-1/2 カップ
- 皮をむいて角切りにしたセッケル梨 3-1/2 カップ
- みじん切り赤ピーマン 2 カップ
- みじん切り黄ピーマン 2 カップ
- みじん切り玉ねぎ 3 カップ
- 2 セラーノペッパー、みじん切り
- りんご酢（5%）2-1/2 カップ
- 水 1-1/2 カップ
- 白砂糖 1 カップ
- 缶詰の塩 小さじ 2
- オールスパイス 小さじ 1
- パンプキンパイスパイス 小さじ 1

方向：

a) ハヤトウリとナシを洗い、皮をむき、1/2 インチの立方体に切り、芯と種を取り除きます。玉ねぎとピーマンをみじん切りにする。酢、水、砂糖、塩、香辛料をダッチ オーブンまたは大きな鍋に入れます。砂糖を溶かすためにかき混ぜながら沸騰させます。

b) みじん切りの玉ねぎとピーマンを加えます。再び沸騰させ、時々かき混ぜながら2分間沸騰させます。

c) 立方体のハヤトウリとナシを追加します。沸点に戻し、火を止めます。1インチのヘッドスペースを残して、熱い固形物をホットパイントジャーに入れます。1/2インチの頭のスペースを残して、沸騰した調理液で覆います。

d) 気泡を取り除き、必要に応じてヘッドスペースを調整します。湿らせた清潔なペーパータオルで瓶の縁を拭きます。

e) ふたを調整して処理します。

89. ピクリ

材料：

- 刻んだグリーントマト 6 カップ
- みじん切りの甘い赤ピーマン 1-1/2 カップ
- 刻んだピーマン 1-1/2 カップ
- みじん切り玉ねぎ 2-1/4 カップ
- 刻んだキャベツ 7-1/2 カップ
- 1/2 カップの缶詰またはピクルス塩
- ミックスピクリングスパイス 大さじ 3
- 酢 4-1/2 カップ (5%)
- ブラウンシュガー 3 カップ

方向：

a) 野菜を洗ってみじん切りにし、1/2 カップの塩と混ぜ合わせます。熱湯で覆い、12 時間放置します。排水し、きれいな白い布で押して、可能なすべての液体を取り除きます。スパイスバッグにスパイスをゆるく結び、合わせたビネガーとブラウンシュガーに加え、ソースパンで沸騰させる.

b) 野菜を加え、30 分または混合物の量が半分になるまでゆっくりと煮ます。スパイスバッグを取り出します。

c) 1/2 インチのヘッドスペースを残して、熱い混合物で熱い滅菌ジャーを満たします。

d) 気泡を取り除き、必要に応じてヘッドスペースを調整します。湿らせた清潔なペーパータオルで瓶の縁を拭きます。

e) ふたを調整して処理します。

90. 漬物

材料:

- きゅうりのみじん切り 3 クォート
- ピーマンのみじん切り 各 3 カップ
- 玉ねぎのみじん切り 1 カップ
- 3/4 カップの缶詰またはピクルス塩
- 氷 4 カップ
- 水 8 カップ
- 砂糖 2 カップ
- マスタードシード、ターメリック、オールスパイス、クローブをそれぞれ小さじ 4 杯
- ホワイトビネガー（5%）6 カップ

方向:

a) きゅうり、ピーマン、玉ねぎ、塩、氷を水に加え、4 時間放置します。野菜を水気を切り、新鮮な氷水でさらに 1 時間覆います。もう一度排水します。

b) スパイスバッグまたはチーズクロスバッグにスパイスを混ぜます。砂糖と酢にスパイスを加えます。沸騰するまで加熱し、混合物を野菜に注ぎます。

c) カバーして24時間冷蔵します。混合物を沸騰するまで加熱し、1/2インチのヘッドスペースを残して、熱いジャーに入れます。

d) 気泡を取り除き、必要に応じてヘッドスペースを調整します。湿らせた清潔なペーパータオルで瓶の縁を拭きます。

e) ふたを調整して処理します。

91. とうもろこしの酢漬け

材料：

- 新鮮な全粒とうもろこし 10 カップ
- さいの目に切ったピーマン 2-1/2 カップ
- さいの目に切ったピーマン 2-1/2 カップ
- 刻んだセロリ 2-1/2 カップ
- 玉ねぎのみじん切り 1-1/4 カップ
- 砂糖 1～3/4 カップ
- 酢 5 カップ (5%)
- 缶詰またはピクルス塩 大さじ 2-1/2
- セロリシード 小さじ 2～1/2
- ドライマスタード 大さじ 2-1/2
- ウコン 小さじ 1～1/4

方向：

a) とうもろこしの穂を 5 分茹でます。冷水に浸します。穂軸から穀粒全体を切り取るか、トウモロコシの 10 オンス冷凍パッケージを 6 個使用します。

b) ピーマン、セロリ、玉ねぎ、砂糖、酢、塩、セロリの種を鍋に入れます。

c) 沸騰したら時々かき混ぜながら 5 分煮る。1/2 カップの煮汁にマスタードとターメリックを混ぜます。この混合物とトウモロコシを熱い混合物に加えます。

d) さらに 5 分煮る。必要に応じて、ルアーペースト (1/4 カップの水に 1/4 カップのルアーを混ぜたもの) で混合物を濃くし、頻繁にかき混ぜます。1/2 インチのヘッドスペースを残して、熱いジャーに熱い混合物を入れます。

e) 気泡を取り除き、必要に応じてヘッドスペースを調整します。湿らせた清潔なペーパータオルで瓶の縁を拭きます。

f) ふたを調整して処理します。

92. グリーントマトのレリッシュ漬け

材料：

- 10 ポンド。小さくて固いグリーントマト
- 1-1/2 ポンド。赤ピーマン
- 1-1/2 ポンド。ピーマン
- 2 ポンド。玉ねぎ
- 1/2 カップの缶詰またはピクルス塩
- 1 クォートの水
- 砂糖 4 カップ
- 1 クォートの酢 (5%)
- 用意したイエローマスタード 1/3 カップ
- コーンスターチ 大さじ 2

方向：

a) トマト、ピーマン、タマネギを洗って粗くすりおろすかみじん切りにする。塩を水に溶かし、大きなやかんに野菜を注ぎます。沸騰するまで加熱し、5分間煮ます。ザルで濾します。野菜をやかんに戻します。

b) 砂糖、酢、マスタード、コーンスターチを加える。かき混ぜて混ぜます。沸騰するまで加熱し、5分間煮ます。

c) 1/2 インチのヘッドスペースを残して、ホット滅菌パイントジャーにホットレリッシュを入れます。

d) 気泡を取り除き、必要に応じてヘッドスペースを調整します。湿らせた清潔なペーパータオルで瓶の縁を拭きます。

e) ふたを調整して処理します。

93. 椒麻汁

材料：

- すりおろしたばかりのホースラディッシュ 2 カップ（3/4 ポンド）
- ホワイトビネガー（5%）1 カップ
- 小さじ 1/2 缶詰またはピクルス塩
- 粉末アスコルビン酸 小さじ 1/4

方向：

a) 生わさびの辛味は、冷蔵保存でも 1～2ヶ月でなくなります。そのため、一度に作る量は少量にとどめてください。

b) わさびの根はよく洗い、茶色い外皮をむく。皮をむいた根は、フードプロセッサーですりおろすか、小さな立方体に切り、フードグラインダーにかけることができます．

c) 1/4 インチのヘッドスペースを残して、材料と病気を滅菌瓶に混ぜ合わせます。

d) 瓶をしっかりと密封し、冷蔵庫に保管してください。

94. 唐辛子と玉ねぎの瓶漬け

材料:

- みじん切り玉ねぎ 6 カップ
- みじん切りのピーマン 3 カップ
- 刻んだピーマン 3 カップ
- 砂糖 1-1/2 カップ
- 6 カップの酢 (5%)、できれば白蒸留
- 缶詰またはピクルス塩 大さじ 2

方向:

a) 野菜を洗ってみじん切りにする。すべての材料を合わせ、とろみがつき、量が半分になるまで（約 30 分）静かに煮詰めます。

b) 1/2 インチのヘッドスペースを残して、熱い滅菌ジャーにホットレリッシュを入れ、しっかりと密閉します。

c) 冷蔵庫で保管し、1 ヶ月以内に使い切ってください。

95. スパイシーピクルスレリッシュ

材料：

- さいの目に切ったヒカマ 9 カップ
- ミックスピクルススパイス 大さじ 1
- 12 インチのスティックシナモン
- ホワイトビネガー（5%） 8 カップ
- 砂糖 4 カップ
- 砕いた赤唐辛子 小さじ 2
- さいの目に切った黄ピーマン 4 カップ
- さいの目に切った赤ピーマン 4-1/2 カップ
- みじん切り玉ねぎ 4 カップ
- 新鮮な唐辛子 2 個 (それぞれ約 6 インチ)、みじん切りにし、部分的に種を取り除きます。

方向：

a) 注意: プラスチック製またはゴム製の手袋を着用し、トウガラシを扱ったり切ったりするときに顔に触れないでください。ヒカマを洗い、皮をむき、整えます。サイコロ。

b) ピクルススパイスとシナモンを清潔な二層の 6 インチ四方の綿 100%チーズクロスの上に置きます。

c) 角を合わせてきれいな紐で結びます。(または、購入したモスリン スパイス バッグを使用します。)

d) 4 クォートのダッチ オーブンまたはソースポットに、ピクルス スパイス バッグ、酢、砂糖、砕いた赤唐辛子を入れます。砂糖を溶かすためにかき混ぜながら沸騰させます。さいの目に切ったヒカマ、ピーマン、タマネギ、フィンガーホットをかき混ぜます。混合物を沸騰させる。

e) 火を弱め、ふたをして弱火～中火で約 25 分煮る。スパイスバッグを捨てる。1/2 インチのヘッドスペースを残して、ホットパイントジャーにレリッシュを入れます。1/2 インチのヘッドスペースを残して、熱いピクルス液で覆います。

f) 気泡を取り除き、必要に応じてヘッドスペースを調整します。湿らせた清潔なペーパータオルで瓶の縁を拭きます。

g) ふたを調整して処理します。

96. ピリッとトマティロのレリッシュ

材料：

- 刻んだトマティーヨ 12 カップ
- 刻んだヒカマ 3 カップ
- みじん切り玉ねぎ 3 カップ
- 刻んだプラムタイプのトマト 6 カップ
- みじん切りピーマン 1-1/2 カップ
- 刻んだ赤ピーマン 1-1/2 カップ
- みじん切りの黄ピーマン 1-1/2 カップ
- 缶詰の塩 1 カップ
- 2 クォートの水
- ミックスピクルススパイス 大さじ 6
- 砕いた赤唐辛子の湖 大さじ 1（オプション）
- 砂糖 6 カップ
- りんご酢（5%）6-1/2 カップ

方向：

a) トマティロの殻を取り除き、よく洗います。ヒカマとタマネギの皮をむく。すべての野菜はよく洗ってから、トリミングしてみじん切りにします。

b) みじん切りにしたトマティロ、ヒカマ、タマネギ、トマト、すべてのピーマンを 4 クォートのダッチ オーブンまたはソース ポットに入れます。缶詰の塩を水に溶かします。準備した野菜を注ぎます。沸騰するまで加熱します。5 分煮ます。

c) ガーゼを敷いたストレーナーで完全に水気を切ります (水が滴り落ちなくなるまで、約 15 ～ 20 分)。

d) ピクルス スパイスとオプションの赤唐辛子のレーキをきれいな 2 層の 6 インチ四方のピースに置きます

97. 無糖ビーツのピクルス

材料：

- 7 ポンド。直径 2〜2-1/2 インチのビーツ
- 必要に応じて、タマネギ 4〜6 個 (直径 2〜2 1/2 インチ)
- ホワイトビネガー（5 パーセント）6 カップ
- 小さじ 1-1/2 缶詰またはピクルス塩
- スプレンダ 2 カップ
- 水 3 カップ
- シナモンスティック 2 本
- クローブ 12 粒

方向：

a) 色のにじみを防ぐために、1 インチの茎と根を残して、ビーツの上部をトリムします。よく洗います。サイズで並べ替えます。

b) 同じくらいの大きさを合わせて蓋をし、沸騰したお湯で柔らかくなるまで煮る（約 25〜30 分）。注意: 液体を排出して廃棄します。クールなビーツ。

c) 根と茎のトリミングと皮のすべり。1/4 インチのスライスにスライスします。玉ねぎは皮をむいて洗い、薄切りにする。

d) 大きなダッチオーブンで酢、塩、**Splenda®**、真水 3 カップを混ぜ合わせます。シナモンスティックとクローブをチーズクロスバッグで結び、酢の混合物に加えます.

e) 沸騰させる。ビートとタマネギを追加します。煮る

f) **5**分。スパイスバッグを取り出します。ホットビートとタマネギのスライスをホットパイントジャーに入れ、**1/2** インチのヘッドスペースを残します.**1/2** インチのヘッドスペースを残して、沸騰した酢溶液で覆います。

g) 気泡を取り除き、必要に応じてヘッドスペースを調整します。湿らせた清潔なペーパータオルで瓶の縁を拭きます。

h) ふたを調整して処理します。

98. きゅうりの酢漬け

材料：

- 3-1/2 ポンド。きゅうりのピクルス
- スライスしたきゅうりがかぶるくらいの熱湯
- りんご酢（5%）4 カップ
- 1 カップの水
- スプレンダ® 3 杯
- 大さじ 1 缶詰の塩
- マスタードシード 大さじ 1
- オールスパイス 大さじ 1
- セロリシード 大さじ 1
- 1 インチのシナモンスティック 4 本

方向：

a) きゅうりを洗います。花の端の 1/16 インチをスライスして捨てます。きゅうりを 1/4 インチの厚さのスライスにスライスします。きゅうりのスライスに熱湯を注ぎ、5〜10 分間放置します。

b) 熱湯を切り、キュウリの上に冷水を注ぐ。きゅうりのスライスに冷水を流し続けるか、きゅうりが冷めるまで頻繁に水を交換します。スライスをよく水切りします。

c) 酢、1 カップの水、Splenda®、すべてのスパイスを 10 クォートのダッチオーブンまたはストックポットで混ぜます.沸騰させる。水気を切ったキュウリのスライスを沸騰した液体に慎重に加え、沸騰させます。

d) 必要に応じて、空のホットジャーにシナモンスティックを 1 本入れます。ホットピクルススライスをホットパイントジャーに入れ、1/2 インチのヘッドスペースを残します.1/2 インチのヘッドスペースを残して、沸騰したピクルスブラインで覆います。

e) 気泡を取り除き、必要に応じてヘッドスペースを調整します。湿らせた清潔なペーパータオルで瓶の縁を拭きます。

f) ふたを調整して処理します。

99. スライスしたディルのピクルス

材料：

- 4 ポンド。（3～5 インチ）きゅうりのピクルス
- 酢 6 カップ (5%)
- 砂糖 6 カップ
- 缶詰またはピクルス塩 大さじ 2
- セロリシード 小さじ 1～1/2
- マスタードシード 小さじ 1-1/2
- 玉ねぎ 2 個、薄切り
- フレッシュディル 8 個

方向：

a) きゅうりを洗います。花の端を **1/16** インチのスライスに切り、廃棄します。きゅうりを **1/4** インチのスライスに切ります。大きな鍋に酢、砂糖、塩、セロリ、マスタードシードを混ぜます。混合物を沸騰させる。

b) 各ホットパイントジャーの底にタマネギ **2** 切れとディルヘッド **1/2** 個を置きます。**1/2** インチのヘッドスペースを残して、熱い瓶にキュウリのスライスを入れます。

c) その上にタマネギのスライス **1** 個とディルヘッド **1/2** 個を追加します。**1/4** インチのヘッドスペースを残して、キュウリの上にホットピクルス溶液を注ぎます。

d) 気泡を取り除き、必要に応じてヘッドスペースを調整します。湿らせた清潔なペーパータオルで瓶の縁を拭きます。

e) ふたを調整して処理します。

100. 甘酢漬け

材料：

- 4 ポンド。(3〜4 インチ) きゅうりのピクルス

ブライン溶液：

- 1 クォートの蒸留白酢 (5%)
- 缶詰またはピクルス塩 大さじ 1
- マスタードシード 大さじ 1
- 砂糖 1/2 カップ

缶詰シロップ：

- 1-2/3 カップの蒸留白酢 (5%)
- 砂糖 3 カップ
- オールスパイス 大さじ 1
- セロリシード 小さじ 2〜1/4

方向：

a) キュウリを洗い、花の端を 1/16 インチ切り、捨てます。きゅうりを 1/4 インチのスライスに切ります。鍋に缶詰シロップの材料を全て入れて沸騰させる。シロップは使うまで温めておきます。

b) 大きなやかんで、ブライン液の材料を混ぜます。切ったきゅうりを加えてふたをし、きゅうりの色が鮮やかな緑色からくすん

だ緑色になるまで煮る（約 **5〜7** 分）。キュウリのスライスを水切りします。

c) 熱い瓶に詰め、**1/2** インチのヘッドスペースを残して熱い缶詰シロップで覆います．

d) 気泡を取り除き、必要に応じてヘッドスペースを調整します。湿らせた清潔なペーパータオルで瓶の縁を拭きます。

e) ふたを調整して処理します。

結論

このクックブックには、家庭でより安全で高品質の食品を缶詰にするための、研究に基づく多くの新しい推奨事項が含まれています。初めて缶詰食品を作る方にとっては貴重な資料集です。経験豊富な缶詰業者は、缶詰作業の改善に役立つ最新情報を見つけることができます。

www.ingramcontent.com/pod-product-compliance
Lightning Source LLC
Chambersburg PA
CBHW070647120526
44590CB00013BA/855